JN438202

껴안은
우리 가슴
뜨거워

껴안은
우리 가슴
뜨거워

문학공원

인사말

이 윤 수
풀잎문학회 회장

잠자는 숲을 깨운다는 일은 쉬운 일이 아닐 겁니다.

가슴 안에 들어있는 내적감성을 시로써 풀어내는 일도 쉬운 일이 아닐 겁니다.

그러나 우리는 쉽지 않다고 포기하지 않았습니다.

만남, 관계, 사물, 자연, 슬픔, 기쁨, 우주 그리고 내 안에서 시를 발견했고

한 해 동안 꾸준히 시 창작 공부에 전념할 수 있었습니다.

풀잎문학회 시인님들의 노고에 박수를 보냅니다.

지도해 주시는 조길성 선생님께도 감사를 드립니다.

무엇보다 풀잎문학회가 태동할 때부터

아껴주시고 사랑해 주시는 고훈 지도목사님께 감사를 드립니다.

시인은 자신을 깨우는 일입니다.

구도자가 되는 길입니다.

글로 독자들을 안내하고 동행 하는 일입니다.

내 생애 전부였을 시어들을 하나님께 바치는 일입니다.

네가 메마르면 나는 너의 강물이고 싶다
출렁거리는 너의 뒷모습을 보며 쫓아다니는
별이고 싶다
가다가다 힘이 들면
꽃으로 덮인 강변, 벤치에 앉아
너를 위해 노래하는 멧새이고 싶다
살아있을 때까지
흐르다 흐르다 멈추면 할 수 없는
그 순간, 오기 전
당신 손을 잡고
흘러가는 중년이고 싶다

이윤수 「동행」

축 사

풀잎문학에 시인이여 생존하라

고 훈
시인 · 목사

사랑하고 아끼는 풀잎동인 친구들이여 소는 죽지 않기 위해 일하고 개는 죽지 않기 위해 짖는다. 모든 사물은 생존하기 위해 움직인다. 그리고 허물을 벗는다.

우리는 시인이기에 시를 쓴다. 우리 안에 또 하나의 나인 시인이 죽지 않기 위해서다. 부족한 필자는 그 부족함 때문에 날마다 시작노트에 나의 모든 생활을 시로 표현하며 한 주에 두 세편의 시를 쓰는 습관을 가져왔다.

물론 다작이 갖다 주는 재앙은 명작이 없을 수 있다는 것이다. 그러나 나는 명작을 쓰기위해 작가가 된 것이 아니라 내 안에 주시는 영감을 죽이지 않고 시인인 나를 죽이지 않기 위해서 날마다 시를 쓰기 때문이다.

차례

초대시

회원시

특집

풀잎문학

초대시

Profile

고 훈

<문학과 의식> 등단
국제펜클럽 한국본부 회원
한국문인협회회원
성호문학상, 기독교문화대상 등 다수 수상
시집 「소중한 외출」 외 다수
칼럼 「우리가 꿈꾸는 세상」 외 다수
안산제일교회 담임목사

세모의 눈 외 1편

고 훈

너라도 많이 쌓여라
가난한 세상
텅 빈 거리

모든 것은 바닥까지 드러나고
앙상한 모습으로
우리는 사랑을 잃었다

손을 잡아도 따뜻하지 않고
마주 보아도 낯선 얼굴로
서로가 서로를 경계하며
이 추위에 떨고 있다

네 슬픔이 내 슬픔이 되고
네 기쁨이 내 기쁨이 되어
껴안은 우리 가슴 뜨거워
우리가 하나인 것을 알도록

너라도 많이 쌓여라
너로 인해
넉넉한 세상
꽉 찬 거리
그리고 웃는 사람들이 보인다
은총 입은 사람들이 보인다

어머니, 그 아픈 이름

어떤 화가가
십자가 위에서 주님을 내리고
여인을 매달아 놓았습니다

아무리 위대한 사랑이라도
설령 아버지를 매달아 놓았다 해도
화나서 볼 수가 없었을 것입니다
그런데
십자가 위에서
괴로우신 여인을 보았을 때
그분이 어머니인 줄 그냥 알았습니다
저기 매달릴 수 있는 분
한 분이 있다면
어머니
세상 모든 이의 어머니밖에 없기 때문입니다

모든 것 다 주고도
아직 줄 사랑이 남아 있는
언제나 부요하기만 한
이 땅에 하나 있는 당신은 사랑

나는 아직 한번도
어머니 신 돌려놓고 나간 적 없는데
다 큰 아들 편안하라고
이날 평생
문간에 신 돌려놓으시고 나가십니다

살아 계실 때는
나중에 잘하리라 생각만 하고
돌아가신 후 후회나 하는
자식은
어머니, 당신 앞에서 죄인입니다

때문에
당신의 이름은 평생 나에게
아픈 이름입니다

Profile

신 경 림

시인
동국대학교 석좌교수
1936년 충북 충주시 출생
1955년 <문화예술> 「낮달」 등단
시집 『농무』 외 다수
화해와전진포럼 상임운영위원
2009년 호암상 예술상 수상
대한민국예술원 회원

강마을이 안개에 덮여 외 2편

신 경 림

안개는 많은 것을 감추고 조금만 보여주어
빈 쪽배가 보이고 산 넘어가는 오솔길이 보인다

내가 좋아하던 아이는
저 쪽배를 타고 떠나 돌아오지 않았다

저 오솔길은 어머니와 할머니가
쉬엄쉬엄 요령 소리에 얹혀 넘어가던 길이다

이슥고 쪽배도 오솔길도 덮으면서
안개는 안개만을 보여준다

설중행(雪中行)

눈 속으로 눈 속으로 걸어들어가니 산이 있고 논밭이 있고 마을이 있고,

내가 버린 것들이 모여 눈을 맞고 있다.

어떤 것들은 반갑다 알은체를 하고 또 어떤 것들은 섭섭하다 외면을 한다.

나는 내가 그것들을 버린 것이 아니라 그것들이 나를 버렸다고 강변하면서,

눈 속으로 눈 속으로 걸어들어가다가 내가 버린 것들 속에 섞여 나도 버려진다.

나로부터 버려지고 세상으로부터 버려진다.

눈 속으로 눈 속으로 걸어들어가면서 나는 한없이 행복하다.

내가 버린 것들 속에 섞여 행복하고 나로부터 버려져서 행복하다.

다시 느티나무가

고향집 앞 느티나무가
터무니없이 작아 보이기 시작한 때가 있다.
그때까지는 보이거나 들리던 것들이
문득 보이지도 들리지도 않는다는 것을 알면서
나는 잠시 의아해하기는 했으나
내가 다 커서거니 여기면서,
이게 다 세상 사는 이치라고 생각했다.

오랜 세월이 지나 고향엘 갔더니,
고향집 앞 느티나무가 옛날처럼 커져 있다.
내가 늙고 병들었구나 이내 깨달았지만,
내 눈이 이미 어두워지고 귀가 멀어진 것을,
나는 서러워하지 않았다.

다시 느티나무가 커진 눈에
세상이 너무 아름다웠다.
눈이 어두워지고 귀가 멀어져
오히려 세상의 모든 것이 더 아름다웠다.

Profile

도 종 환

시인
국회의원(19대)
1954년 충북 청주시 출생
1984년 『고두미 마을에서』로 등단
시집 『접시꽃당신』 외 다수
산문집 『그때 그 도마뱀은 무슨 표정을 지었을까』 외 다수

수상

2014년 제1회 신석정문학상 수상

눈물 외 2편

도 종 환

눈물이 하는 말을 들어라
네가 아픔으로 사무칠 때
눈물이 조그맣게 속삭이던 말을 잊지 마라
눈물이 네 얼굴에 쓴 젖은 글씨를 잊지 마라
눈물은 네가 정직할 때
너를 찾아 왔었다
네 마음의 우물에서
가장 차가운 것을 퍼 올려
너를 위로하고
너를 씻겨주었다
네 눈물을 기억하라
눈물이 네게 고백하던 말의
그 맑은 것을 잊지 마라

사랑해

생의 최고의 순간에 이 말을 선택했다
가장 높은 곳까지 올라갔던 열망은
이 말을 누가 시키는지 안다

생의 마지막 짧은 순간에도 이 말을 선택한다
운명이 순식간에 연소하는 찰나의 시간에
침몰하는 배 안에서 오직 한 사람을 향해
있는 힘을 다해 이 말을 선택한다

구름보다 더 오래 하늘 위에 떠다니리
바다 깊은 곳의 물결보다 더 오래
지구 위에 출렁이리

사랑해
이 최후의 말

가을비

어제 우리가 함께 사랑하던 자리에
오늘 가을비가 내립니다.

우리가 서로 사랑하는 동안
함께 서서 바라보던 숲에
잎들이 지고 있습니다.
어제 우리 사랑하고
오늘 낙엽 지는 자리에 남아 그리워하다
내일 이 자리를 뜨고 나면
바람만이 불겠지요.

바람이 부는 동안
또 많은 사람들이
서로 사랑하고 헤어져 그리워하며
한 세상을 살다가 가겠지요.

Profile

김 순 진

시인, 문학평론가
경기도 포천 출생
1984년 시집 『광대이야기』로 등단
고려대학교 평생교육원 시창작과정 교수
4615562@hanmail.net

깻잎 반찬 외 2편

김 순 진

깻잎 같은 사람을 만나고 싶다
실에 꿴 깻잎뭉치처럼 뭉쳐 살고 싶다
서로 떨어져 국수 수제비를 먹고 살다가도
만나기만 하면 서로 따끈한 쌀밥 한 술 산다고 우기며
깻잎을 얹어주고 싶은 사람
아래 있는 깻잎 꼭지를 젓가락으로 잡아주고 싶은
그런 사람을 만나고 싶다
깻잎장아찌가 서로 붙어 잘 일어나지 않을 때
밑장을 지그시 눌러주거나
먹고 사는 일을 거들어주고 싶은 사람과
이웃하며 살고 싶다

박살이 나도 좋을 청춘이여

박살이 나도 좋을 청춘이여
몰려오는 먹구름에 대하여
무게를 안고 미동도 않는 바위처럼
우직함의 네 어깨에 세상의 멍에를 메고
커피 한잔 곁들이며 고뇌를 풀고
보라! 네 할 일이 저기 무던히도 많으나
한겨울의 시련도 불타는 입김으로 녹이고
너와 나 서로의 가슴을 부비며
성난 파도 뒤엔 끝없는 바다가 있나니
바위가 모래처럼 부서져도
모래엔 할 일이 있나니라
가라, 박살이 나도 좋을 청춘이여

금강(錦江)이 되어 흐른다

이른 아침 금강 강가로 내려가 강을 바라본다

처음 세상이 열리고
강은 저 멀리 보이는 산처럼 흐르기 시작하였으리 산이 우리에게 군불을 넣어 따뜻이 안아준 것처럼 어미가 젖을 주듯 그렇게 풍만한 유방을 꺼내 우리를 먹였으리 단 한 번의 손찌검도 없이 우리를 키웠으리 그래도 우리는 젖을 빨면서도 머리통으로 어미의 젖을 들이받는 송아지처럼 앙탈을 부렸으리 아비의 핏물이 녹아든 줄도 모르고 풀빵구리에 쥐 드나들듯 드나들며 퍼가고 빨래를 하며 그 강에서 멱을 감았으리 혈관을 터 곡식을 키우고 그러면서도 고마움을 모르고 거기에 뛰어들어 물고기 밥이 되고

여보게! 저 강을 강이라 부르지 말게.
여느 강처럼 강이라 부르기엔 너무나 거룩해! 오, 당신의 물길에 젖어드는 한반도의 오르가슴이여! 저 강은 강이 아니라 그냥 흐르는 '걍'일세. 아파도 흐르고 즐거워도 흐르는 강! 저 강을 좀 바라봐! 수천억만 마리의 물고기와 플랑크톤처럼 차마 셀 수 없는 어느 잣대로도 깊이를 잴 수 없는 어느 바가지로도 퍼낼 수 없는 사연으로 궐기하며 덤벼드는 세월의 소용돌이를 애써 고요와 수평의 의지로 흐르지 않나

누에고치가 그 작은 몸짓으로 일곱 번의 잠을 설치며 비단실을 뽑아낸다는데 우리 한반도는 몇 번의 잠을 설쳤던가? 설친 잠의 수만큼 아름답기에 비단의 강(錦江)이라네 누에가 한 마리가 천오백여 미터의 비단을 짜낸 것만큼 대대로 수억의 사람들에서 나온 수천억 갈래의 사연이 모여 이룬 비단의 강(錦江)이라네 장수에서 발원하여 군산으로 흘러들도록 머리카락에서 발톱까지 시시콜콜(細細骨骨) 아우르며 '어화둥둥 내 사랑' 사랑가를 불러대는 비단의 강(錦江)이라네

강이 우는 걸 보았나? '그까짓 낚싯바늘 몇 개쯤 드리우는 것쯤이야, 그까짓 오물 조금 떠내려 보내는 것쯤이야'라며 우리는 강을 이유 없이 해하지만 강은 그냥 웃지 아무 말 없이 바라보지 오히려 떡 하나 더 준다며 그네들의 농토에 물을 대주지 밤새 아우성치는 혼귀(魂鬼)들을 자중시키고 다독이며 자장가를 불러 재워놓고 새벽이 되면 머리에 지진이 날 것처럼 악이 받쳐 강은 소리 없이 울지 임진왜란을 동학농민운동을 일제강점기를 육이오를 견디며 얼마나 울었겠나 얼마나 악이 받치겠나 나는 이제야 그 차가운 강도 열을 받는 다는 걸 알았네. 아, 너무나 약이 올라 피어오르는 저 안개 좀 봐! 김이 퐁퐁 나네!

이른 아침 금강 강가로 내려가 강을 바라본다

저 백여 미터 넓이로 천리 길을 달려오면서 어느 자식 하나 어느 동생 하나 떨어뜨리지 않고 데리고 오는 포용! 말하지 않고 몸소 흐르며 자중하는 슬기! 그 많은 삶의 소용돌이를 다독이며 평면을 유지하는 평정심! 부모에 대하여 스승에 대하여 조국에 대하여 절대 거스르지 않는 거룩한 복종! 아, 눈물이 난다 오, 미천한 나의 눈물이여!

나는 이른 아침 금강가로 내려가 처음으로 금강이 되어 흐른다 이제부터 거역하지 않고 흐른다 유순한 양으로 주는 젖 받아 먹으며

Profile

조 길 성

과천 출생
개간 <창작21> 등단
풀잎문학 시공부 지도
blackbear0@naver.com

하루 외 1편

조 길 성

순간을 돌아보아도 나를 뒤덮는 물결
산다는 건 나를 잠기게 하는 것일 게다
젖지도 못하는 내가 잠길 수는 없지
발을 빼어도 흐름은 멈추지 않고
살을 섞어 주어도 말없이 흐르기만 하지
흐르는 물에 목숨이라는 말을 새겨 보며
하루를 살아냈다고 안도할 때
발목 휘감아 쓰러뜨리는 거센 물살
하루를 살아냈다는 건
하루만큼씩 깊어진다는 뜻일 게다

한글배우기

진영슈퍼 홍씨 할머니는
할아버지 죽고 한글 배우러 다닙니다
외상장부에 두부 그려 넣고
식용유병 그림도 애써서 그려 넣고
고추장은 고추랑 그릇을 그려 넣고
된장은 어떻게 그리나 애먹다가
한글 배우러 다닙니다
찐 계란이랑 날계란을 구분 못해
무랑 당근도 구분이 안 돼서
쪽파랑 대파는 더더욱 구별이 안 되니
답답해 울기도 했지요
홍씨 할머니 오늘 아침
공책에 한글로 두부 한 모 써 넣었습니다
그 옆에 오백원하고 써 넣으니
오백원이 오백만원처럼 대단합니다
쪼글쪼글한 주름 속 눈빛도
마늘쫑 닮았습니다

풀잎문학

회원작품

Profile

강 봉 희

충남 천안 출생
진재피아노학원 원장
안산제일교회 권사
jjkng123@hanmail.net

감나무와 나 외 4편

강 봉 희

꽃이 떨어진 자리에
생겨난
어린 열매들이
무성한 잎 사이에서
연한 푸르름으로 모여
꿈을 꾼다

장대비 거센 바람을
잘 버텨줄까
지붕 만들고
바람막이 되어 주고 싶은 나

내 공간까지도
가득 채운
주황빛으로 달려 있을
그들의 가을을 상상한다

상추밭

여름을 입는다
대지의 뜨끈한 열기를
폐부깊이 넣어본다
열감을 바른 얼굴은
적상추 앞에 가면 빨개지고
청상추 앞에서면 새파래지겠지
상춧잎 제끼는 손놀림에
까맣게 변하는 손톱 끝
밑동에서 흐르는 하얀 피
상추에도 피가 있었네

울보

무지의 쇠는 불구덩이
속에 달궈져
대장장이 손에 던져진 너
두들겨 맞아 연단 거친
날선 검은
삶의 곁가지를 잘라내며
터지지 않는 벌건 종기 찔러
고름을 토해댄다

치유의 울음이다

호칭

봉이아부지
언능 인나요
꾸물대면 아침도 못 먹구 간 다구
대꾸 없는 아버지
어이… 여봐 어이… 이봐
나 좀 일으켜줘
관절염으로 거동이 불편한 아버지는
아침에 종이접기 장기 두러 노인센타에 가신다
시간 없어 빨리 이쪽 팔 꾸여 저쪽도 꾸이구…
외투 걸칠 때 거들며 하시는 엄마의 충청도 사투리
봉아부지~ 차 왔겄다
빨랑 나가자구
엄마는 큰딸 이름을
급할 땐 뽕아부지

늦깍이 군인

27세 2012년 9월 25일 아침
밤새 거리 헤매이다 긴 밤 꼬박세운 빨간 눈
현관에서 포옹
아들! 잘할 수 있어
나이 내려놓고 군생활해 알았지?
너 훈련받을 때 엄만 기도로 함께 할게
나이 뒤바뀐 계급사회
춘천 102보충대의 고된 날들
8주 훈련을 마치는 날
작은아들 면회를 갔다
건강부대 지목되어 소량식사로 8k 감량
Tv뉴스에서 군 사고 보도만 나오면
아들의 부대인가 마음이 콩당거린다
옆 부대 병사의 총기난사 사고
가슴을 쓸어내린다
무엇이 저 군인을 힘들게 했는지
마음이 아프다
아들아…, 건강하게 부대원들과
원활히 잘 지내고 오렴
미리 감사하며 또 하루를 산다

Profile

박 춘 수

전남 고흥 출생
상진개발주식회사 아연용융도금부 근무
안산제일교회 안수집사

용동이 외 7편

박 춘 수

친구 기문이 아버지의 호는 용동 어르신
매제의 이름은 용동이
장인과 사위의 호칭이 같다
기문이가 매제를 불렀다

어이, 용동이! 소리치자
방안에서
재떨이에 담뱃재를 털고 계시던
용동 어르신
혀를 끌끌 차신다

소가지 없는 놈 애비 이름을 불러!
솔찬히 화가 나신 모양이다
이녁 밥 안 줄꺼여?
아무것도 모르는 마누라에게만
성질을 낼 수밖에
기문이 가끔 용동 어르신 부르신다

경 칩

봄인 줄 알고
밖을 내다보던
개구리가
꽃샘추위를 만났다

어이쿠!
세상 구경하려다가
큰일 날 뻔 했네.

제 집으로 들어가는
미물의 모양새가
아직은 동면(冬眠)을
깨우기엔 이른가 보다

때 이른 착각에
엄동설한의 여운을 건드리는
철없는 모습 앞에서
하하하하하

거시기

저 놈 보소
그래도 그라제
이 추운 날씨에 둠벙에 들어가?
아무리 고기가 좋아도 그라제

소, 대한
그 추운 엄동설한에
양동이와 족대를 손에 든
젊은이가 있었으니
이름하여 고기킬러라 했겠다

허리까지 차오르는 둠벙 물속을
얼마나 훑고 다녔을까
영하의 동장군이 머릿속까지 스며들었지만
고기 잡는 즐거움에
이마엔 송송송 땀방울까지 선물 받고
양동이 가득 잡은 물고기
갖은 양념 다해
잡탕찌게 끓여 놓으니
동네 사람들 바쁜 숟가락질에
한 겨울이 도망가는구나

겁나게 맛있네

슈퍼 바이킹호

출발이다
목선은 서서히 하늘을 향해 이륙하고
오르락내리락
가속도가 붙는구나

처음엔 재밌다 싶더니만
눈알이 빙글빙글
이마와 등줄기엔
식은땀이 샘솟는구나

아이고! 스토-옵!
한 사람의 다급한 외침 소리에
재미있다는 듯 깔깔거리는
구경꾼들이 더 밉구나

목선의 율동이 드디어 멈췄다
어땠어유, 아빠?
서른이 넘어선 두 자식 놈들의 소리에
'와따! 겁나기는 해도 재밌더라!'는 말밖에는

짱뚱어

고놈 봐라
허벌나게 크네
저놈 잡아서
오늘 저녁에는
밥 한번 맛있게 먹겠다

남해안 고흥반도에
썰물 때가 되면
갯벌을 살아 움직이게 하는
힘이 있었으니
이름하여 짱뚱어라

세 발, 네 발로 만든 낚시를
그놈에게 정조준 하여
인정사정 볼 것 없이
휘익 잡아채고 나면
영락없이 월척이로구나

바케쓰 가득 잡아
집에 가져오면
들일 가셨던 아버지
왔따 욕 봤다
고생 헌 짐에 텃밭에 가서
풋호박 허고 풋고추 좀 따온나
오늘 저녁은 엄청 맛있겼다

그렇게 삼복더위는
익어가고 있었다

고향을 담아오자

여름이면
개똥이 순식이
앞 다투어 시냇물에 멱을 감던
그 시절로 돌아가자

봉암양반 작살에
냇가의 돌담 사이 민물장어를
기가 막히게 사냥하던
그 시절을 담아오자

마른 명태 대가리
다섯 손가락 쪽쪽 빨아가며
그렇게도 맛있게 보리밥을 잡수시던 아버지
보릿고개의 추억을 행복해하자

그 놈의 보리밥 먹고 나면
웬 놈의 방귀는 그리도 풍악을 울리는지
아, 가난했던
그 시절을 사냥해오자

거울

거울은 당신을 보고 있는데
당신은 거울을 보지
못하고 있소
거울은 당신의 마음을 아는데
당신은 거울의 마음을
알지 못하고
거울은 당신이 되는데
당신께서 거울이 되지 못하는
서러움에
거울 곁을 떠나갔소.

다시 돌아와
거울 앞에 서서
바라보아도
거울은 당신을 보는데
당신께선 거울을
볼 수 없는 슬픔에
떨어지지 않는 발길을
어찌할 수 없었소.

당신

이 세상을
아름답게 본다면
아름다운 추억을 만들어 가는
삶을 살아갈 거요

먼 훗날
사람들은 말할 거요

그 사람
얼굴만 바라보아도
목소리만 들어도
꼭 한 번 만나보고 싶은
말하고 싶은
그런 이웃이었다고

Profile

송 영 란

전남 고흥 출생
월간 <창조문예> 시부문 등단
시집 『하늘에 매어 놓은 그네』
목사 사모
hasadsong@hanmail.net

호박꽃 외 7편

송 영 란

첫 울음소리 들렸을 거야
활짝 핀 호박꽃에 맺힌 이슬이
아이의 눈동자에서 빛나던 그때
꽃잎 안에 꿀벌을 가두고 윙윙거리는 소리 좋아
골목골목 뛰어다니던 아이들은
올망졸망 애호박처럼 푸르렀다
바람의 시간들이 영글어 가면서
황소처럼 누런 빛깔을 띠고
태양을 닮아 부쩍 자란 아이들
꽃가루 뒤집어 쓴 꿀벌이 날아오를 때
아이들도 온 몸에 꽃가루를 묻히고 날아올랐다

이웃집 담장에 호박꽃 피었다
위태하게 매달려 있는 애호박을
돌담위에 앉혀 주시던
아버지 그림자 얼비친 대낮
호박꽃마다 윙윙거리는 꿀벌
꽃잎에 가두고
그때처럼
뛰어 볼까나
꽃가루 뒤집어쓴 벌침
얼얼한 오후가 그립다

가시의 귀향

가시가 입안을 찔러 댄다
혀가 한 생의 살점을 음미하며
침샘을 자극한다
검푸른 바다가 꿀꺽 넘어간다
퍼덕이는 지르러미를 따라
은비늘이 힘차게 헤엄을 치지만
한 뼘의 접시를 벗어나지 못한다
낚싯바늘에 걸려
육지로 오른 순간
예고된 운명이었으리라
몸통을 움켜쥔 손등에 핏줄이 선명하다
바다와 육지가 뒤 섞인 비릿한 냄새
아직도 접시 위에서 살아남은 몇 마리
은빛 바다가 출렁인다
고등어 떼는 갈치 떼를 따라
갈치 떼는 고등어 떼를 따라
앞서거니 뒤서거니 헤엄쳐간다
제주 앞바다 확 트인 마당
어린아이 꿈처럼 매달려 있는
설익은 감귤도 보이는

집으로 가는 길

노랑지빠귀와 콩새가 날아다닌다
저 고양이는 집이 없어 그런가
애처롭게 울어댄다
열린 창문으로 흐느끼는 소리 들린다
청춘남녀가 이별을 하는 드라마의 한 장면인지
직장에서 밀려난 박 과장의 막막한 흐느낌인지
속내가 궁금하여 귀를 기울이다 지나쳐간다
이제 막 담장을 넘은 저 단풍나무의 처진 어깨는
한낮의 열기 탓이겠지
이제 해 지고 나면 생기 찾아 또 어깨를 펼거야
이른 아침 집을 나서는 김씨 아저씨처럼
태 권 도 얍
　　소리 작다. 다시!
　　　　태, 권, 도, 얍!
아이들의 씩씩한 기합소리에 동네도 마음도 환해진다
빼곡히 주차된 골목길을 돌아서면
하얀 부추 꽃이 핀 우리 집이다
대문 활짝 열고 반기던 내 어머니처럼 환한

뱀딸기

– 눈썹 하나 뽑고 먹으면 괜찮아?
이것 먹으면 뱀이 된다고 했는데…
괜찮아, 눈썹 하나 뽑아 휙 던지고 먹으면 뱀 안 된데
딸기 농사 끝물이면 큰아버지께서 마음껏 따 먹으라고 부르셨던
산비탈 밭에 있는 딸기하고 닮았다
허기진 오후, 밭두렁 새빨간 열매는

눈썹 하나 뽑았다
너도 나도
뱀이 되나 안 되나 보려고
서로에게 눈을 떼지 않으면서
눈썹 하나를 또 뽑았다
나 안 먹을래
나도

올해도 산비탈 뱀딸기는 탐스럽게 익어
까만 눈썹 기다리는데

속에서 튀어나온 가시 돋친 말들도
눈썹하나 뽑아
모든 독기 빠져나간다면 얼마나 좋을까

물고구마

어머니가 보낸
택배가 도착했습니다

얇은 냄비에
서둘러 고구마를 삶습니다
온 몸으로 스며드는 이 냄새

어머니
서편 노을에게도 고구마를 보내셨습니까

굼벵이가 파먹은 구멍들마다
단물이 흘러내리는
뜨거운 물고구마를 먹으며
어머니의 따뜻한 눈빛을 떠올립니다

나팔꽃

얼기설기 엮어 놓은 싸릿대 울타리에 핀
등 굽은 나팔꽃 입을 반쯤 벌리고 졸고 있다
굳이 흔들어 깨우지 않아도
가을빛과 함께 물들어 가도
흠 될 것 없는 광경이다

– 물맛이 시원해
한 바가지의 물을 건네시던 할아버지
병들어 마지막 희망을 품고
이곳 산기슭 오두막집을 찾아 들었다는 사연을
여름비처럼 쏟아내셨다

구름 닮고
바람 닮아
언제라도 등 뒤에서
– 물맛이 좋아
물바가지를 들이 밀 것 같은
하늘도 나뭇잎도 환한 날
산 할아버지 단칸방 툇마루에 볕이 들었다

91병동 2호실에서

어제 이맘 때 열일곱 번 째 붉은 피가
잠시 출렁이다 봉인되어 병실문을 나섰다
나이팅게일의 하얀 가운의 찬바람은
오금을 저리게 했다
굵은 바늘이 살 갓을 뚫고 들어와
열여덟 번 째 검붉은 피를 게걸스럽게 빨아들이고 있다
아까운 내 피

내 몸은 베트남 하롱베이에서 한 밤중 기습 공격을 당했다
심한 구토와 생살이 찢기는 통증
열이 오르면 오를수록
만병통치약 노니의 함성소리는 커져만 갔다
분명 두 눈 부릅뜨고 병실 구석에서
생사를 넘나드는 치열한 싸움 중이었는데
아산병원 응급실의 나는
패잔병인가 부상병인가
분주히 오가는 저들은 아군인가 적군인가

스무 번째 피가 뽑혀나간 후에야
91병동 2호실로 이송되었다

붉은 용사들의 상태를 보고
적군의 위세가 얼마만큼 강한지
방어 체제를 얼마만큼 구축했는지
무기는 어느 것을 지급할지
아침이 되면 새로운 작전명령을 하달한다고 했다

눈꺼풀이 스르르 잠긴다 오늘밤은 검붉은 깃발을 흔들며 끝까지 잘 싸워준
내 붉은 용사를 위해 타르사막 금빛 모래에 무덤을 만들어야겠다
내년 이맘때면 붉은 별꽃이 사막에 가득하겠다

중고 책을 사다

헌 책방 먼지에 쌓여 있던
피에르 드 롱사르가
내 방으로 들어왔다

프랑스와 비용, 빅토르 위고,
샤를르 보들레르를 불러내어
날 세는 줄 모르고 열변을 토한다
– 이 사람들아
꺾으라고 꺾어, 인생의 장미를

하얀 찔레꽃이 달빛에 젖어 들던 봄날
엘렌느에게 바치는 소네트를 쓰던
그 목소리 톤으로
– 그대여, 오늘을 사시게
내일을 기다리지 말고

오늘이 가기 전에
난 나의 장미를 꺾을 수 있을까

Profile

신 광 덕

서울 출생
직업상담사
안산제일교회 집사
풀잎문학회 서기
kdsin@naver.com

춤추는 세상에서, 탈춤 엿보기 외 7편

신 광 덕

가면 뒤에
얼굴을 숨기고
덩실 덩실 더덩실 얼쑤

기쁜 이는 기쁜 대로
슬픈 이는 슬픈 대로
모두 함께 춤으로 놀아야지 얼쑤

상사병으로 우는 것도 춤
벙어리 혓바닥이 추는 것도 춤
꿈속에서 헤매는 것도 춤이라오

나는 춤을 모르오
그저 끙끙 앓았을 뿐
하지만 죽도록 추고 싶었소

언젠간
나도 내 춤을 추겠지
그 날이 그립소

추석

서산 넘어
먼 길 떠나는 나그네여

그토록 밝은 빛 어디 두고
붉디붉게 물들었나

단풍나무 잎새
바람에 흔들리면

달님도 님 그리워
얼굴 더욱 물들었네

수평선

창문을 여니, 머리카락을 스치는 봄바람
문득, 푸른 바다가 그리워진다

탁 트인 곳
아련히 흔들리는 선 하나
하늘로 들어가는 문

넘실대는 파도를 타고
어머님 젖내음 품은 비릿한 바람이 불어온다

아침 산책로

오늘은 아침 산책로에
이슬비가 내린다

우산도 없이 걷는
아침 산책로

마른 풀 같은
내 어깨를
촉촉이 적셔주고

솔 나무 잎새 가시마다
아침 이슬인 양
하늘빛 담은 물방울이 아롱진다

후기 정보화 사회, 정보의 물결

흐르는 모든 것은 하늘로 흐르고
거기에서 우리는 출렁거린다

세상 이야기들 사이사이에 스며있는
미세한 결 무늬

나이테 되어, 거친 광야를 내달리는 미래를 보았다
아니, 미래가 달려오는 것을 보았다
물결치며 달려오는 바람 같은 내일이었다

몸살의 속도

온 몸이 아프다
손목에서 뛰는 맥박마저 아프다

심장에서 나온 피는 시속 약 220Km
심장에서, 다시 심장으로 들어가는데 약 25초
자동차가 고속도로를 달리는 것 보다 빠르다

피가 온 몸을 내달리며
마디마디에 압력을 가하니 아픈 것도 당연하겠지

비행기 속도 0.3km/sec
지구 공전속도 30km/sec

지구가 총알보다 빠른 속도로 날아가니
어지럽고, 빙빙 도는 것도 당연하겠지

어둡고 광활한 우주로 들어가기 위해
약을 먹고 이불을 뒤집어쓴다
온몸이 조금씩 조금씩 블랙홀에서 벗어나고 있다

관악산에 오르다

신라시대 그 누군가 이곳을 찾아
흐르는 땀을 훔치며
진달래 개나리를 정겹게 보았겠지

정상에 올라 내려다보이는 아파트가 성냥갑 같고
도로를 달리는 자동차가 부지런한 개미 같은 오늘

100년 후, 이곳에 오를 그 누군가
어떤 모습의 도시를 내려다볼까

지금의 모습은 사라진, 우뚝 선 빌딩숲의 모습일까
자기장을 이용한 공중부양 자동차가 내려다보이는 도시의 모습일까

큰 산등성이와 작은 산등성이가 다정히 이어지는 이곳
변함없이, 마음을 사로잡겠지

눈앞에 우뚝 선 바위에서
비바람에 깎이고 다듬어지는 모래알 같은 세월을 본다

지금보다는 살만한 세상이 되어야할 텐데
행복해야할 텐데

엄마와 아가

돌쟁이
고사리 아가 손
한 살 터울 언니가
손 꼭 잡고, 자는 모습
쌔근쌔근, 콜콜
이따금씩 스치듯 떠오르는 배속 웃음

두 아가를 번갈아 들여다보는
엄마 입가에 맴도는
포근한 엷은 미소
뜻 모를 대화, 주거니 받거니
시간 가는 줄 모르고
엄마는 중얼중얼
아가는 옹알옹알

아빠는 집에 오자마자
여보 나왔어
아가 이마에 뽀뽀 쪽

Profile

유 영 숙

인천 출생
전통문화 지도사(전래동화구연)
안산제일교회 권사
ysyou37@hanmail.net

초록의 위로 외 7편

유 영 숙

숲으로 가자
원초의 자연은
인간과 분리될 수 없는 것

녹색은
바라만 봐도 알파파 생성
몸과 마음이 업그레이드된다

신록의 파릇함을 더듬노라면
머리는 더욱 맑아져
삶의 의욕과 생기 넘친다

알아서 할게

소리 없이 밤새 내린 눈
흰쌀가루로 대지를 덮고
온갖 더럽고 추한 악취
미련 없이 눈 가리고 아웅
감히 꾸민들 이룰 수 있으랴
순간의 착각이다
알아서 할게

퍼 올리는 눈 삽
쓸어내리는 빗자루
모자 장갑 챙기고
한바탕 퍼 나르니
후미진 곳에 시나브로 눈물 되어 흐르고
눈꽃은 꽃잎 되어 나부낀다
알아서 할게

눈 녹아 트인 골목 오솔길 되어
길손들의 지름길 되고
오가는 발걸음 안도의 숨 들이쉬네
즐거운 얼굴 가벼운 출근 길
내 마음도 흡족하다
알아서 할게

매실주

순수한 것이 빨리 썩는다는
향기로운 속성은
유산균의 같은 미생물 되어
발효 작용으로 만들어 진 매실주

미생물은 이용되는 종류에 따라
여러 가지 독특한 특징과
풍미의 맛을 지니게 됨을 본다

주둥이 작은 큰 유리병에
솜털로 뒤집어 쓴
천연 그대로의 순수함
꼭지를 따서 하나 가득 담고
소주 1리터 설탕 3킬로그램
단단히 밀봉해 100일을 채운다

기한이 찬 열매들
노오란 색의 퉁퉁 불은 변화
또 다른 유산화로 들어 찾으니
유리병 속에 채워진 세월 저쪽 사연은

순간 미각으로 선택되어
과일 가게 귀퉁이 진열상품으로
매화나무에서 매실로 태어났건만
선별에 따라 선택된 판가름
하늘과 땅 차이로 사랑을 받게 된다

눈 내리는 날

간밤에 소리 없이 내린 눈
흰쌀가루로 대지를 덮었다
온갖 보기 싫은 악취의 흔적
그래도 포근함으로

퍼 올리는 눈삽
쓸어내리는 빗자루
한바탕 퍼나른다
구석진 곳 느티나무에 핀 눈꽃
꽃잎 되어 나부낀다

눈 녹아 미끄러운 길
종종거리며 걷고 있는 사람들의
감출 수 없는
유년의 환한 웃음
겨울 햇살이 좋은 아침이다

신세대 훈장네

경남 하동 산골
아이들에게 훈육하며 생활교육 하는
미대 졸업 학사 부부와 아들 삼형제
한복에 의관 머리에 쓴 두건은
근엄하기 그지없다

맹자 논어 읊으며
사모는 가야금 우리소리 보유자
지병에 파산, 우여곡절도
드디어 시험 연단에서
이겨낸 축복이다

한 동네 거주하시는 갓 쓰신 아버님
작은아들 훈장집 출입하시며
생일잔치 책거리 행사에
귀한 덕담으로 지시하신다

세 손주 돌보시는 할머니
막내아들 효심에 건강검진하시니
노환에 기력이 쇠하셨다고
송구하고 죄스러움 금할 수 없어
몸 둘 바를 모르는 훈장네 부부다

모성 본능

하늘 다람쥐
두 날개 깃털 솜 나부끼며
은사시나무에 둥지를 틀더니
한 움큼 만한 새끼 두 마리
눈도 못 뜬 체 에미 품에 오물오물
가엾게 깃털도 없다

두 달여간
온갖 정성 기울이니
어느덧 하늘을 들판 삼아
혹독한 날기 연습시작이다

배고픈 여우
새끼집을 덮치니
사냥에서 돌아온 에미의
야속한 눈물

기상예보

솟아 오른 산 봉우리에
살을 에는 듯한 눈보라에
깃발이 펄럭인다

빨강 : 비바람 휘몰아 침
파랑 : 드높은 하늘 구름 한 점 없음
노랑 : 칼바람 매섭지만 훈풍, 며칠 벼르다 하늘 향해 주파수 맞추다

드디어 내 마음 갈피잡고
한 발작 두 발작 흡입되는 기상예보 깃발

초록 : 봄을 기다리다

상쾌한 기분
즐거운 마음
뉘라서 황혼을 지는 불꽃으로 보았을까

기다림

비 비가 오는 군
올 테면 한 사날쯤
퍼붓는다 해도 인내로 기다릴 텐데
나흘 밤 닷새 동안이나 부슬 부슬
드디어 샛강이 맑아지네

Profile

이 계 선

인천 출생
안산시립노인전문요양원 근무
안산여성문학회 회원
안산제일교회 권사
mkguishan@naver.com

정선에서 외 7편

이 계 선

툭, 툭
낙엽비 내린다

무거운 마음 실어 보내며
어떤 만남을 기약하는 아침

햇살은 잠든 강물을 찬연히 깨어나게 하고
산기슭을 눈부시게 채색한다
어느 물감을 풀어 섞어 저리도 눈부실까

툭, 툭
가을비가 내린다

빗소리 교향곡

새벽 기도드리러 가는 시간
창 너머 전해지는 잔잔한 울림
감색 동그라미 크게 그려진 우산 위로
아카펠라 선율이 경쾌하게 흐른다

질병과 싸우고 있는 아들 걱정에
짓눌린 가슴은 콘트라베이스의 영역까지 내려앉았으나
낙숫물의 선 굵은 모데라토 연주는
씻김과 갈함의 하모니를 이어 간다

자동차 바퀴가 지면과 마찰하여
정교한 리듬과 화음을 깨며
불협화음으로 조옮김 할 때
간절한 마음 조표로 얹고 싶다

벌레 먹은 이파리

빨간 볕, 파란바람 머리에 이고
산등성이 언덕을 오르다
돌아서 멈춘 시선에
파릇한 새순마다 구멍 숭숭 망사옷 입었다

삼복은 아직 멀기만 한데
갱년기 아낙의 등줄기처럼 화기가 오르는가
시스루룩을 걸치고 싶었을까
애벌레 디자이너, 누가 채용했는가

눈으로 입어보는 망사옷

장마

하늘이 울상이다
굵은 눈물
얼마나 쏟아지려나

아카시아 꽃잎
짙푸름 속에 떨어지는데

바람 든 열아홉 처자도 아닌 마음으로
지금
밤꽃향기 따라 무작정 산길을 오르네

살아내려 발버둥쳤던 하루
한바탕 비라도 쏟아져내리면
그 속에서
뒤엉킨 가슴 풀어지려나

등산화

신발장 높은 자리보다
산 정상에 오르고 싶었다

피로를 줄여주는 중간 고무층이
삭아 부서지면서
살점을 도려내는 아픔을 토로한다

슬리퍼가 되어버린 등산화를 끌고
하산 길에 크로스컨트리 하듯 내려왔다

고어텍스면 뭐해
새로 산 것만 데리고 다니더니…

겨울철 몇 번만 신었던 등산화
자주 함께 하지 못한 게으름을 채찍하며
아낄수록 자주하지 않으면
버려질 수밖에 없음을 일깨워준다

멸치 똥

하나. 둘, 셋
하나, 둘, 셋
무의식의 수를 세며 미끄럼타고 들어간다
아침, 점심, 저녁 세 박자 물살을 헤치며 살아가지만
지난밤 급류는 몸 안 구석구석으로 아직 흐르고 있다

태양이 차츰 고도를 향해 솟아오른다
누워도 밤이 아니라 거부하는 뇌리
천하장사도 못이길 눈꺼풀을 억지로 치올리며
머리, 몸통, 똥, 하나, 둘, 셋
삼박자를 센다
벨소리에 놀라 통화하며
머리, 몸통, 똥을 해체하다보니
의식으로는 하나, 둘, 셋을 헤아리나
어느덧
머리. 똥, 몸통으로 다섯 번이나 질서가 깨졌다
흐흐…….
똥 위에 누워있는 다섯 마리 멸치의 몸통
일어나지마

가을걷이

작은 볍씨 한 톨 썩어져
한 포기 모되어 심기었다

연약한 어린 잎새
작렬하는 폭염 아래
타는 가슴 맡기고 인내했다

새벽이슬로 목마름 달랬고
곁가지 벗들과 손 붙잡고
소낙장마 견디어
뿌리째 뽑힐 아픔 이겨냈다

출렁이는 가을 황금들판
낫 들어 잘릴 고통 있을지언정
땀방울 심은 수고에 보답코자
밑동 잘려 쓰린 상처 감내하며
황량한 들판에 누웠다

다듬이도 재워주지

좁은 동공에 새하얀 들판뿐
저 멀리 손 끄트머리에 와있는 부모님 고향집은
가도 가도 멀기만 하다

방죽너머 푹푹 빠져가며
얼어붙은 논길 위로 도장을 찍어가며
교복 입은 도회지의 단발머리 소녀는
버티고 선 시골과 기싸움 중이다

버스 없는 시골길 60분 끝에
삐꺼덕 대문이 울고
발갛게 얼어붙은 볼은 간질간질 녹아내리고
사투리를 체득하는 일주일 고향살이 시작이다

시골의 밤하늘은 일찌감치 돌아눕고
도시에서 보이지 않던 별들이 여기 모여 밤을 지키고
벌거벗은 나무들이 마지막 옷깃을 여미고 있다

촉수 낮은 백열전등 아래 깊게 주름살진 사촌언니는
문간방에서 토닥토닥 투닥투닥
동짓달 긴긴 밤, 다듬이를 재우려 방망이를 다잡는다

Profile

이 윤 수

경기 안산 출생
월간 <창조문예> 시부문 등단
한국문인협회 회원
(주)지킴이푸드 대표
풀잎문학회 회장
별망문학회 회장
안산문인협회 부회장
안산예술대상 수상
시집
『13시에서 15시로 가는 길』
『푸른 물고기』
lys10002@korea.com

굴참나무 아래서 외 7편

이 윤 수

밤이 되면 나갔다가 새벽에 들어오는
태양에게 어깨를 내어주는 당신
당신은 붉은 햇살에 몸을 맡겨
지평선과 허공이 맞닿는 지점에서
두근거리는 바람으로 불피리를 불어댑니다

언제나 새를 품고 사는 당신은
활활 타오르는 푸른 불꽃으로
바람에도 꺾이지 않습니다
가뭄에도 마르지 않습니다
무덤 없는 집이 되어
항상 한 자리에 서서 웃고 있습니다

푸른 숲 사이 둥근이질풀 수수함에
온몸을 떨며 웃는 당신
당신은 변함없이 나를 사랑해주는 집입니다
당신 안에서
새떼들의 웃음소리가 크게 들립니다
매일 출렁이는 당신의 가슴에는
영원히 잠들지 않는 영혼들이 살고 있습니다
당신처럼 여전히 자라고픈 나의 영혼도 살고 있습니다

가을 모자이크

가을은 나무에서 떨어져도
빛을 잃지 않았습니다
가을의 아름다운 파편들은
자신을 눕혀도 당당했습니다
오늘도 수없이 떨어지며 죽는 말들은
흔적 없이 사라지지만
남 몰래 흩날리는 가을은
지금도 땅에 떨어지며
자신의 생애를 내려놓습니다

당신을 따라가면 내가 서 있습니다
당신의 붉은 얼굴에서 내가 보입니다
내 가슴에 깎아놓은 당신
그 모습에
나의 절정이 들어있습니다

별망

어렸을 적 뒷동산에 올라 밤하늘을 본적 있었다.
바위나 둔 턱에 올라서면 호박꽃 웃음 짓는 별들이
큰 다라에 잡아놓은 물고기처럼 가득했고
산자락에 가슴 비벼대는 일곱 개의 별이
달 궁둥이에 둘러 앉아 노래를 불렀었다.
신들이 사는 궁전에서 들려오는 재즈에 젖은 별들이
아름다운 음절이 되어
잠자는 자의 꿈이 되어 흐르기도 하고
헛된 완성을 부수기도 하였다.
밤새도록
그물에 걸린 별들이 파닥파닥 거렸다.

부활

사월이 되면
너도 나도 깨워나서 얼싸안고 재회를 한다
산이고 바다고 하늘이고 땅이고
작년에 지워진 푸른 기억들을 되살려놔
삶과 죽음의 경계를 지워버린다

어느 날
네가 죽어 내 옆자리에 없으면
너도 죽고 나도 죽어 외롭지 않아
붉기도 하고 하얗기도 했던
사랑의 찬란한 끝자락에서
사월이 가고 사월이 다시 오면
너도 살고
나도 살겠지

천국으로 가는 자전거

울어서라도 보내고 싶지 않는 건
너를 삼켜버린 바다 때문만은 아니야
하루 이틀을 지나 이십일을 기다렸던 팽목항에서
파도 소리가 된 기도가 목이 쉬어 울어도
돌아오지 않았던 너에게 섭섭한 마음 때문만은 아니야

주일 점심때가 되면 교회로 왔던
저전거위 너의 모습,
이제는 볼 수 없다는 거
언젠가는 모두가 헤어져야 하는 이별임을 알면서도
나의 왼쪽 가슴에 노란 리본을 달고 남쪽 바다를 향해 기도드리면
너는 돌아와
환한 웃음으로 다가올 거라 생각 했어

"요한아"
"너는 어떤 사람이 될 거니"
 – 아버지를 따라 목사님이 될 거에요
꿈은 너를 붙잡는데 가야만 하는 거니…
다시 돌아올 수 없는 거니…

신호등에 따라 건널목을 건너고
위험하게 달리는 자동차 옆을 지나
언제나 교회를 찾아왔던 빛나던 너의 얼굴
그 길은 천국 가는 길이었어

이제 순백의 옷을 입고
천국으로 가는 자전거를 타고 떠나는 너
음악 듣기를 좋아해 이어폰을 낀 모습이 멋지구나
네가 사랑했고 내가 사랑했던 날들을 고마워하자
우리의 이별을 헤어짐이라 말하지 말자
잘가 요한아
사랑해 요한아

가을로 가는 코끼리

이 밤, 코끼리를 타고
가을 속으로 들어가고 싶어요

코끼리가 큰 발로 쿵쿵거리면 나는 미련 없이 떨어져
당신의 갈피에 끼워질 나뭇잎이 되고 싶어요
소주 냄새나는 도시에서
당신이 버리고 싶은 세상에서
낙엽이 떨어지는 이 밤
아무도 모르게 코끼리 타고 떠나고 싶은거에요

가을로 들어가는 코끼리를 타보세요
덩치 큰 가을을 타고 흔들리며 가 봐요
가끔 하늘로 코를 치켜들고 하루살이 꿈들을 잊어버리고
불타는 가을로 들어가 당신을 사랑하고 싶어요

무성한 나의 근심은 코끼리 귀처럼 넓었어요
당신에 대한 궁금증은 코끼리 소리처럼 메아리쳤죠
이제 나는 넓은 코끼리 등에 떨어지는 낙엽이에요
당신의 능선을 타고 메아리가 울리는
골짜기로 들어가 집을 짓고 싶어요

우리, 코끼리 타고
가을 속으로 들어가요

아이들, 등대가 되다

아침이 되면 나무는 푸른 등을 밝힙니다
밤새 꺼놓았던 작은 풀도 꽃등을 켭니다
길에서 잠들은 돌들도 깨어나 등짝에다 믿음의 등을 켭니다
모두들 그렇게 서로를 위하여 등불을 켭니다

그러나 아직 불을 켜지 못한 곳이 있습니다
사람들의 마음속입니다
좌초의 빨간 불이 켜짐을 모르는 우리에겐
스스로의 등불을 꺼둔 채 암흑으로 항해합니다

모든 사람들은 등대가 될 수 있습니다
모든 사람들은 가슴 깊은 곳에 수백만 개의 등불을 갖고 있습니다
진도 앞바다에는 수백 개의 등대가 세워졌습니다
그 아이들 영원히 꺼지지 않는 등대가 되었습니다

우리들은 각자가 가지고 있는 태양 하나를 꺼내 세상을 밝혀야합니다
죽음을 넘어 사랑으로 피어낸 아이들의 불씨를 살려야합니다
모두들 그렇게 서로를 위하여 등불을 켜야합니다

노란 민들레

글썽거리다
울먹이다가
작은 몸집 휘청거리다
훅 불면…
다 쏟아내고
하얗게 비어 버린 빈집이여

Profile

전 향 란

전북 군산 출생
월간 <문학저널> 시부문 등단
안산제일교회 권사

queenran7@hanmail.net

봄바람 외 2편

전 향 란

찻집이 늘어선 호숫가 작은 마을
얼굴을 스치는 바람 끝이 시려도
햇살 내려쬐는 언덕 아래
지난겨울 떠났던 쑥들이
고개 들고 눈 깜빡거리며
수런거리는 소리 들리는데
서성거리는 봄바람 머물지 못하고
호수 저편까지 거닐다가
산수유 가지 끝 몽우리 흔들다가
어느 사이 찻집에 들어와
이야기 꽃 속에서 살랑거리네

참마음

노랗게 물든 따가운 햇살
모과 잎에 앉은 오후
친척 결혼잔치로 북적이고
다섯 살 된 조카에게
보고 싶었다며
네가 좋다며 슬쩍 얼렀더니
"나도 보고 싶었어, 근데
난 엄마가 좋아"
어린아이 입에서 나오는
꾸밈없는 참말이
너무 예뻐서
얼른 꿀떡 하나 주었더니
"이모도 많이 좋아"하는 말에
웃음꽃이 잔칫상에 흐드러진다

그리움

창밖에 눈이 내립니다
뒤뜰 감나무 밑에 소복이 쌓인 추억
감을 따주던 당신이 생각나
어느덧 내 눈엔 눈이 녹아 흐릅니다
떨어지는 감 하나 더 받으려다
홍시를 밟아 미끄러질 때
떠들썩하게 웃던 그날들
장독대에 둘러앉아
양쪽 볼이 미어터지게 먹다가
홍시가 되어 까르르 웃던
아스라한 그때가 그립습니다

Profile

정 경 숙

전북 전주 출생
찾아가는 인형극단 단원
안산제일교회 권사
풀잎문학회 감사

본데 있는 사람 외 7편

정 경 숙

뜨거운 철가에 앉아
화전 만드는 것 보다
빌려온 책이 더 궁금하던 그 때
나 이런 것 안 해도 잘 살 수 있는데

저런 본 데 없는 것
뭘 해도 성심껏 해야지
본데 있는 사람은
같은 행주치마를 입었어도
흔들 품이 다른 거야

노파심에 혀를 차시던 어머니
지금도 날 보고 계실까

웃음보

– 아무리 그래도 그렇지
소견머리가 자라 콧구멍보다 못해서야 원

뭘 야단맞았는지도 잊고
웃음 참느라 숨도 못 쉬고 있는데
화를 내시던 할머니까지 웃게 한
그때
그 말

지금도 자라콧구멍 생각하면
입가에 웃음이 저절로 번진다

눈오는 길

추억 따라 걷다 보니
눈 내리던 검은 그 길
동산에 연 날리듯
훨 훨
떠나버린 오라버니
눈길 따라 걸어가네
시원스런 오라비 웃음소리
하염없이 눈은 내리는데

보리밥

말똥 구르는 것만 봐도
웃던 시절
동갑내기 시누 올케
웃음꽃으로 밤새는 줄 모른다
그만 자거라
오랜만의 즐거운 만남
뒤로 하고 단꿈 꾸는 시간
배고픈 도둑
곳간 항아리 바닥 내었네
없어진 쌀 만큼
많아질 보리밥 걱정하던
철없는 그때
슬며시 그리워진다

집안 내력 ·1

소나기 오겠다 빨래 걷어라
네!
빨래 걷으라 했는데 뭐했어
비 맞았잖아
네?
어머니께서 뭘하라 했는지 생각이 나지 않는다
내 이럴 줄 알았다
또 책보고 있었지?

화장실 가는 식구마다 신문 들고 가질 않나
책만 들고 있으면
천지개벽을 해도 모르니
내 자식들까지도
집안내림이다

집안 내력 ·2

– 경숙이는 화장실에만 들어 가면
콩클대회 하느라 나올 줄 모른다니까
큰 오빠가 놀린다
너무 잘 울어서 그런가 보다
오죽하면 달래던 삼촌이
'조선 천지에 이렇게 잘 우는 애는 처음 본다' 했을까
– 우는 것보다 노래가 좋지

아들과 손주녀석 샤워할 때마다
클래식과 복음송 기분 좋게 들린다

할머니 아들 손주
화장실 콩클 샤워송에
– 내림이네 내림
웃음 섞인 딸의 한마디

이름

내 이름 경숙이
할아버지는 점숙아 하시고
할머니는 겡숙아 하신다
점숙아 어깨 좀 주무르렴
할아버지 저 경숙이에요 경숙이
알아 인석아
경사 경(慶)자, 맑을 숙(淑)자
점숙이
할아버지…!
겡숙이라고 해도 경숙이가 어디가냐?
할머니가 놀리시는데
껭 껭 껭숙이
작은 오빠가 또 놀린다

가을이 오다

창문에 비친 나무 그림자
산들거리는 바람에
그림으로 걸렸다

초리들 무성했던
한 여름의 소용들이
잠재울 거라고
먼저 온 가을이
소곤거린다

Profile

정 주 은

경북 대구 출생
맛 고을 누룽지 대표
안산 여성문학회회원
안산제일교회 권사

ereh7@naver.com

행방불명

정 주 은

내 이름이 싫었다
학교에 들어가야 할 때쯤엔
그때쯤엔
속고쟁이 같은 내 이름 '덕순' 란제리 같은
촉감으로 바뀌는 걸까?
어린 나는 혼자서 주희, 정아, 은경, 유진…
작은 교회 목사님 '주은이는 어떠냐'
비취 화관보다 아름다운 선물을 주셨다

내 몸에서 빛이 났다
내 목소리에서 크리스털 풍경 소리가 났다
내 걸음걸이에서 팬지꽃이 막 피어났다

어느 날 세탁물을 찾으러 갔다
이름이 생각나지 않는다
세탁소 주인 의아한 눈으로 바라본다
무엇이었지? 어디 있지?
다이아, 크리스털, 비취… 오색 빛 속에
내가 없다

Profile

최 영 칠

경기도 양평 출생
(주)우성염직
안산제일교회 성도

cycrha@hanmail.net

그대로 되라 외 7편

최 영 칠

이렇게 아름다운 열매를 맺기 위해
수많은 날들의 시련이 있었나 보다

알찬 열매 주렁주렁 매달리듯 항상
기쁘고 즐거운 찬송 울려 퍼지고
아름다운 성도들이 몰려온다

귀한 말씀 선포되는 이 곳에
하늘 평화 있으라
귀한 열매 풍성하여라

네 믿음대로 되라
그대로 되라

휴 가

어머니 혼자 심은 고추가 잘 자랐다
아침 일찍 서둘러 두어 가마니 따서
깨끗이 물로 씻고 발에 널어놓으니
불타는 고추

한참을 뙤약볕에서 고추와 씨름하다 보니
나의 들어난 벗은 몸이 벌겋게 익어간다

등 굽으신 어머니 허리를 쭉 펴신다

아버지의 빈자리

추석 명절이라 멀리 나가있던 가족들이 모였다
집안은 식구들로 가득한데
마음이 허전하다

보름달과 이야기 좀 하자
하얀 들깨 꽃이 바람에 출렁이고
반딧불만 날아다니네
계곡물 소리는 변함없고 밤은 깊어만 가는데
달빛만이 마당에 가득하네

욕심부릴 때마다 가던 대로 가라 하시던 말씀
아직도 들려오네

봄을 알리는 꽃들

개나리
진달래
벚꽃
유채꽃에
목련까지
가랑잎을 모자삼아 살짝 들어올린 연보라 제비꽃도 피었네
이 아름다운 꽃들이 아쉽게 지는구나

이 꽃들의 색을 나의 원단에 염색 하리다
어떤 색이든지 채도와 채색을 찾아내어 나만의 색깔로 만들어 내리라

우리 목사님

목사님의 말씀을 들으면 살아 숨 쉬는 삶이 됩니다
미소에 화답하지 못한 내가 부끄럽습니다
끝없는 사랑은 나를 어질게 하고
벼랑 끝 나를 항상 붙잡아 줍니다
그 어떤 불안과 초조함도 다 사라집니다
사랑하지 않으면 안 되고 봉사하지
않으면 안 되고 늘 기도하게 됩니다
범사에 감사하게 만듭니다
믿음을 보면 그 분이 살아 계심이
느껴집니다.

야간 근무

오늘은 무슨 색상이 기다리나
빨강 노랑 파랑 삼원색을
조금씩 변화해서 만들어내는
수많은 색상들

고객님이 원하는 색상은 무엇인가
그 색상과 싸우기를 서른 두 그릇

됐습니다 좋습니다 칭찬을 해주시면
매일 목표량에 도달하는 뿌듯함

전쟁 같은 밤일을 마치고 나면
기진맥진 밀려오는 피로감
야간근무는 수없이 해도 언제나 쉽질 않군

어쩔 수 없지 어쩔 수 없어

눈이 왔네요

잠든 사이에
흰 눈이 많이 왔어요

우리가족 잠 깨울까봐
소리 없이 내렸어요

마음씨 착한 아저씨 아침 일찍
눈 쓰니라 하얀 입김 뿜어요

우리 집 사랑이는 무엇이 좋은지
이리 뛰고 저리 뛰고

등교하는 어린 아이들 엉덩방아 찧고
출근하던 아저씨 앞차를 미끄러지듯 쿵

눈 내린 이른 아침
누군가가 남기고 간 발자국을 따라 갑니다

눈 녹듯이

밤사이 온 세상을 흰 눈으로 덮었네
창문을 여니 소나무 사철나무
장독대에도 사뿐히 내려앉았네
해가 뜨니 소리 없이 녹아내리네
아픔 또한 눈 녹듯 녹아내렸으면 좋겠네

Profile

최 홍 연

서울 출생
한국문인협회 회원
안산여성문학회 총무
안산제일교회 권사

hongyeon1511@hanmail.net

하루 밑줄 긋기 외 6편

최 홍 연

반지하 모서리에
각을 맞추어
거미줄을 치고 있다

얼룩지고 낡은 건물 벽에는
– 엘리베이터 설치, CCTV 설치.
정남향에 채광이 좋은 집.
투 룸, 쓰리 룸.
즐비하게 붙어있는 다짐들 속에
골목으로부터
막다른 골목에서
뚫고 나가려 애쓰는 펄럭거림

똥구멍이 빠지게 발을 놀리는 거미에게
홱,
쓸어버린
청소부의 빗자루

겨울 보내기

가난한 것
차가운 것
서러운 것

누런 종이박스에 웅크린 잠자리의 하루 밤
누구의 눈길도 마주치지 않고
무료급식소 긴 줄에 서서 받아먹는 혼자의 식사라
재개발되어야할 산 8번지의 판자촌에서
묶어둘 수 있는 것들은 얼마나 될까

그 곳에서
시시한 일을 사랑이라
사소한 일을 삶이라 말한다고
얼마나 지켜낼 수 있을까

문을 여니
비명을 지르며 쏟아져나가는
얼음 깨어지는 소리
겨울이 울며 가는 소리

그냥, 다 지나가리라

아침은 건너뛰어도
머리는 감아야 한다
늦은 밤까지 되지 못한 시 몇 줄 잡고
머릿속이 어지럽다
어깨와 허리가 아파서 병원에 입원한 딸
오늘 오후에는 퇴원시켜야하고
밤 근무하고 와서 자는 아들
탕이라도 한 그릇 끓여 먹여야한다

지난 밤새
시의 꼬리털 하나 잡히지 않고
시집을 보다가 카페에 들어가 보고
책을 들쳐보고
메모된 수첩을 이리저리 살펴보아도
글이 써지지 않았다
7시,
여름 아침 열린 창으로
건너편 공사장 드릴소리 망치소리
도리어 문을 잠그고 누웠다
그냥,
다 지나가게 두어라

아들은 계란프라이 해서 김치에 밥 먹고
딸은 어제 주고 온 카드로 퇴원 수속하고 택시타고 오면 된다

시만
시만 포기하면

책갈피를 접다

앞서간 몸뚱이는 넋 빠진 항아리
깨어지면 그만
다신 돌아보지 않겠다 다짐했던 시간들은
모두 잃어버린 기도
비쭉대며 울음들이 몰려든다

생목 차오르는
짐승의 언어처럼 땅으로 내리지도 못하고
가뭇없이 실려가고 말 것이다

윙윙 으르릉 철퍼덕 그리고 번쩍
알 수 없는 동굴 속의 언어들
구르다가 누웠다가 일어서서 걷다가 다시 흔들리며
어디로 가는지 묻지도 않고
참 쉽게 간다

시 읽고 싶지 않은 책갈피 속

강이 깊은가 보다
물살아래 묻어둔 교각은 보이지 않고
밤비를 먹어치우는 한강다리

빗금 친 불빛은
속속 강물로 빠져든다

기차 여행

야간열차를 타면
그대와 함께 샛길을 달리는 것 같아요
밖은 앞도 뒤도 볼 수 없이
어둠으로 꽉 차있어요
우리들의 모습이 유리창에 비쳤지만
아무도 눈여겨보지 않아요
기차는 오래된 러닝머신처럼
철커덕 덜컹 철컥 덜커덕
같은 소리를 반복하고
괘종시계 태엽을 돌리던 시골집
대청마루 끝에 앉아 듣던
흔들리는 댕 댕 소리 들려요

이 밤은 그날처럼
칠흑 같이 어두운 검은 바다에
물이 차오르는 소리 들리고
눈동자에 물이 맺히는 순간
가는 것도 오는 것같이
혼자서도 함께인 듯

벚꽃 가시내

허연 살이 밤에도 환해서
눈꼬리가 자꾸 올라간다
발목을 치켜세우고 또각또각
아슬하게 치맛자락 흔들며 간다

따라 붙지 못한 길에는
어느 즈음에 사람들 머리만 빽빽하다
밤공기에 풀어진 가슴
가시내,
똥끝만 탄다

가을의 진동

길 떠나는 이에게
녹슨 철길 따라
코스모스 사뭇 흔들어댄다

작은 키의 쑥부쟁이
화장기 없는 얼굴로 다가오면
노란 꽃술의 이야기가
바람 따라 흘러간다

가을 냄새 마취되어
고개 들지 못하다가

불난 허리
질끈 묶어
꽃 없는 나무 잎에 불씨를 놓는다

고훈 시인의

詩

강의

詩의 美學

(1강)

1. 詩의 부활

벤자민 프랭클린은 25세에 희망을 포기했다 75세에 죽으면 25세에 죽고 장례식은 75세에 하는 것이다.

'모든 인간의 내면에는 어린 나이로 죽은 시인이 있다'(스테반 카우퍼)

나는 오늘부터 여러분 가슴속에 이미 죽어 장사지낸 시인 나사로를 깨워주려고 필을 들고 입을 열겠다. 시인은 교육으로 된 것이 아니라 태어나는 것이다. 구라파에서는 시를 모르면 사랑을 할 수가 없다. 대학 졸업 때까지 50여편의 시를 암송한다.

우리나라 왕들은 시를 알았다. 과거급제가 시였다.

이방원의 「하여가」

이런들 어떠하며 저런들 어떠하리
만수산 드렁칡이 얽혀진들 그 어떠하리
우리도 이같이 얽혀져 백 년까지 누리리라

정몽주의 「단심가」

이 몸이 죽어 죽어 일백 번 고쳐 죽어
백골이 진토 되어 넋이라도 있고 없고
임 향한 일편단심이야 가실 줄이 있으랴

프랑스 시인 필립 데스포르터에게 국왕 헨리3세가 사랑시 한 편 부탁했다.

사랑

언제나 내가 당신과
함께 있을 수만 있다면
이름이 없어도
명예가 없어도
난
그렇게 보잘 것 없는 신분으로
태어나도 좋습니다
언제까지
내가 당신과 함께 있을 수만 있다면

지금까지 최고 비싼 값인 330만(40억원)불에 사서 애인에게 바친 시다.

이런 장로가 되십시오

주님이 헐벗고 계시면
당신은 주님의 따뜻한 한 벌 옷이 되십시오

주님이 슬퍼하시면
당신은 주님의 흐르는 눈물이 되십시오

주님이 웃고 계시면
당신은 주님의 환한 미소가 되십시오

주님이 쓰시겠다하시면
당신은 주여 내가 여기 있습니다 하십시오

주님이 세상을 안타까운 눈으로 바라보고 계시면
당신 어깨에 열방을 메고 주님 앞에 서십시오

그때
주님은 당신을 보고
너는 내가 가장 사랑하고 기뻐하는 종이라 하실 것입니다

인생

인생은 한 장의 흰 종이 같은 것
우리 각자가 말을
한마디씩 쓰다보면
곧 밤이 찾아온다네
비록 단 한 줄만 볼 수 있는
시간밖에 남아있지 않다 해도
크게 시작하게나
그리고
고상하게 시작하게나

실패는 결코 죄가 아니기에
그대 저속한 목표가 죄이라네
—제임스 라셀 라우엘

2. 詩의 시작

1)연필과 종이 위에 언제나 어디서나 무엇이나 생각나는대로 에스프리(시의 생명 영감) 떠오르면 쓰라

요한 스트라우스는 곡이 착상될 때 와이셔츠 깃에 연필로 곡을 썼다.

정약용은 강진 흑산 유배지에서 옷자락에다 시를 남겼다

성삼문은 한강 백사장에서 참수당할 때

해는 지고 북소리는 울려 내 목숨 제촉하는구나
황천길에는 주막도 없다는데
이 밤 나는 어디에 쉬어간단 말이냐

역사의 의로운 사람도 의를 갚아줄 주인 못 만나 탄식하고 간다.

이 몸이 죽어가서 무엇이 될꼬하니
봉래산 제일봉에 낙낙장송 되었다가
백설이 만곤건할 때
독야청청 하리라

2) 詩는 작가의 출산이다.

피 흘려 낳은 자식이 미웁고 고울 수가 있는가? 버릴 수가 있는가?

생명은 10달이 필요하다. 시는 순간에도 나오고 10년 걸려도 안 나올 수 있다. 딸이고 아들이다. 돈 주고는 안 판다. 선물로는 다 준다. 값은 못 매긴다. 내 자식을 값으로 거래 못한다.

조심할 말 중에 작가도 형편없고 작품도 형편없다 말하지 말라.

나는 나의 작품을 최선을 다해 썼을 뿐이다라고 말하라.

잔디밭에서 / 고훈

너무 작게 태어나
혼자서는 아무 것도 할 수 없어
모아 본 정성이
당신 쉬어갈 자리가 되었습니다

꽃잎이 아니라면
향기라도 주시지
밟혀서 살아나는 모진 목숨

앉았다 가시는 길
더럽혀서는 안될 당신 옷자락을 위해
그러셨다면
그 크신 뜻은
나의 하늘이요 나의 땅입니다.

겸손으로 거듭나는 나의 계절
모두 다 아름다운 옷으로 갈아입는데

나는 단 한 벌 푸른 옷으로
나의 가슴을 당신께 드리겠습니다

3) 시인은 사무라이가 되라.

시인은 사무라이가 되라(나탈리 골드버그) 「뼛속까지 내려가서 써라」 의 작가다. 사무라이: 불필요한 부분을 모두 잘라내는 사람이란 뜻이다.

윌리엄 칼로스 윌리암스는 "만일 그 시에 한 줄이라도 생명이 있다면 그 한 줄만 빼고 모두 잘라 버려라"

군더더기는 시가 아니란 말이다. 요리사는 필요한 부분만 요리한다.

정원사가 되어 전정 잘하라.

눈사람과 나눈 말
눈사람과 함께
사라지네
— 시키

너무 울어
속이 텅 비어버렸는가
이 매미 허물은
— 바쇼

눈물 / 고훈

가다가 마른다는 것을

알면서도
흐른 강물입니다

사랑한 만큼 줄 수 있는
마지막 남은 생명으로
드리고 나면
더 드릴 것 없어
나는 그대 앞에 빈손이 됩니다

4) 글은 여행이다.

아무도 안 가본 세계로 나 혼자 갔다 오는 여행이다(고어 비달)

상수리나무 / 고훈

이토록 크게 자라게 하심은
당신의 은총입니다
이제는 내가 자랄 차례
껍질 단단한 열매로 더욱 작아지겠습니다

내가 커짐은 당신의 작아짐이요
내가 작아짐은 당신의 커짐입니다

키만 클 줄 아는 나의 빈 세월
그 긴 기다림 속에서
작은 것을 취하시는 위대한 섭리 앞에
그냥 서서
남은 몫은

작아지기 위해 커지는
진정한 상수리나무가 되겠습니다

여행 속에 글이 나오고 글 속은 여행의 세계다.

3. 시인의 행복

1) 고난을 이기기 위해 시를 쓴다.

나는 좋다 / 고훈

내가 암병이라면
모든 환자들의 친구가 되어 좋다
내가 치료된다면
그들에게 또한 희망이 되어 좋다
치료되지 않는다면
주님의 부르심에 순종할 수 있어 좋다
내가 암병이 아니라면
모든 사랑하는 사람에게
근심되지 않아 좋다

나는
이 일로 내 인생을 돌아보며
또 한 번 위대한 결단을 할 수 있는
시간을 주셨음을 감사할 수 있어
나는
언제나
주님 앞에서

모든 이 앞에서
이래도 저래도 좋다

4. 고독하지 않기 위해 시를 쓴다.

아침햇살 / 고훈

고향선배는 선천성 전신마비다
바다가 내려다보이는 언덕 위집에 살았다
스스로는 그 아름다운 바다를 한 번도 볼 수 없었다
사람이 찾아주지 않으면
하루 종일 골방에서 뒤척거리는 것이 일상의 전부다

그 선배에게서도
하루 중 가장 아름답고 기다리는 만남의 시간이 있었다
그것은
아침햇살이었다
아침햇살은
그 선배에게 사랑이었고 약속이었고 만남이었고 믿음이었고 희망이었다
그리고
그 선배는 아침햇살 있음으로
날마다 행복하다했다

우리가 헤어진 지 어느덧 40년
그 후 그 선배는 아침햇살 돋는 나라로 갔다
나는 오늘 병상에서 아침햇살을 만난다
창 너머로 도시로
갯벌너머로 바다도 본다

그럼에도
그 선배처럼 나는 행복하다 고백하지 못한다
그것은
아직도 내가 그 선배처럼
나를 모두 비우지 못한 까닭이다

5. 보답하고 주기 위해 시를 쓴다

나의 아내 / 고훈

나를 흙으로 빚을 때
당신은 나의 가슴으로 빚었습니다
당신 몸에서 향취가 솟아나는 것은
이 때문입니다

내 아이를 받는 여인
당신은
우리 사이에
세월도 허물지 못할
다리를 놓았습니다

당신은 단 하나밖에 없는
우리 집 얼굴입니다
밖에서 돌아온 아이들이
찾는 얼굴
밖에서 돌아온 어머니가
찾는 얼굴

밖에서 돌아온 나도
맨 처음 보고싶은 얼굴은
당신입니다

당신이 비워놓은 자리를
채울 보물은
이 세상에도 저 세상에도 없습니다

당신 손끝에서
살림들이 숨쉬고
보살핌 속에 오늘도
식구들은 제자리를 찾습니다

내가 홀로 있을 때
내가 기댈 수 있는 언덕은 당신뿐입니다
내가 슬플 때
내 대신 눈물을 흘려 줄 사람도
이 세상에서 당신뿐입니다

그러나
당신은
나의 홀어머니로 하여
아직은 두 번째 사람입니다
나의 주님으로 하여
영원히 두 번째 사람입니다

칡넝쿨 / 고훈

막히지도 막을 수도 없는
어디라도 갈 수 있는 자유

하늘을 향해 지치면
땅으로
땅을 향해 지치면
하늘로
기대고 싶을 때 기대고
쉬고 싶을 때 쉬고

그러나
단 하나
내 자유로 인해
누군가가 아프게 하는
그 피해만은 막아주십시오

6. 렌즈가 되라

망원경은 멀리 있는 것 보는 눈, 현미경은 안 보이는 것 보는 눈,
오목 볼록렌즈는 불이 되게 하는 눈이다.
프랑스 지성인 장꼭토는 "불난 집에서 무엇을 갖고 나오겠는가"
쓰지 않는 자는 영원히 한 줄도 못 쓴다.
쓰는 자는 언제나 어디서나 쓸 수 있다.
조각가는 돌 속에서
음악가는 오선지에서

미술가는 캔버스에서
시인은 모든 것 속에서
죽어있는 것을 부활시키는 창조자가 된다

청나라 말기 작가(미) 제백석
"나를 배우는 자는 살 것이요, 나를 따라하는 자는 죽을 것이다"

만리장성 / 고훈

성을 쌓지 말고
다리를 놓자
징검다리라도 좋다
나는 너에게 가고
너는 나에게 와서
서로 손잡고
나에게 없는 것을 너는 주고
네게 없는 것을 나는 주리라
만 리를 쌓아도
내가 네게 성이 되면
너 또한 네게 성이 되리니
어리석은 자여
우리가 허물지 못하고 가면
누가 허물고 가랴
성을 쌓지 말고
다리를 놓자
징검다리라도 좋다

詩의 生命

(제2강)

모든 사물은 생명이 있다. 돌도 단단한 생명이 있고, 물도 흐르는 생명, 고이는 생명, 주는 생명이 있다. 사자는 사자의 생명, 개는 개의 생명, 고슴도치의 생명이 있다. 시에도 시의 생명이 있다.

1. 살아있는 시

죽은 시가 있다. 생명 없는 시다.

때는 봄날
아침7시
풀잎에 이슬 맺히고
종달새는 하늘에 나르고
달팽이는 상수리나무에 오르고
하나님은 하늘에 계시니
온 세상은 평화로와라
— 롱펠로우의 「비파의 노래」

① 사물을 한 장의 그림처럼 묘사했다.
② 무엇보다 사물을 구체화했다. 때는 봄날 아침 7시 종달새 달팽이 상수리나무 하늘 추상적인 것 없다. 종달새 대신에 새가라든지 달팽이 대신 곤충이라든지 상수리나무 대신 나무라 썼다면 시가 얼마나 다른가보라
③ 어마어마한 메시지가 발산한 생명이 있다.
하나님은 하늘에 계시니 온 세상은 평화롭다는 고백이요, 선언이요, 선포다. 이 시를 듣던 귀신들린 사람 병든 자가 나았다 했다.
④ 쉽게 쓰라. 읽으면 느낀다. 읽으면 알게 된다. 이것이 시다.

2. 사람을 살리는 시

그 시가 고독한 자를 고독에서 괴로운 자를 괴로움에서 건져내야한다.

시의 사명이 살리는 사명 구원사명이다.

사랑하는 것은
사랑을 받느니 보다 행복하나니라
오늘도 나는
에머랄드빛 하늘이 환히 내다뵈는
우체국 창문 앞에 와서 너에게 편지를 쓴다
행길을 향한 문으로 숱한 사람들이
제각기 한 가지씩 생각에 족한 얼굴로 와선
총총히 우표를 사고 전보지를 받고

먼 고향으로 또는 그리운 사람께로
슬프고 즐겁고 다정한 사연들을 보내나니
세상의 고달픈 바람결에 시달리고 나부끼어
더욱더 의지삼고 피어 흥클어진
인정의 꽃밭에서
너와 나의 애틋한 연분도
한 방울 연연한 진홍빛 양귀비꽃인지도 모른다

사랑하는 것은
사랑을 받느니 보다 행복하나니라
오늘도 나는 너에게 편지를 쓰나니
그리운 이여 그러면 안녕
설령 이것이 이 세상 마지막 인사가 될지라도
사랑하였으므로 나는 진정 행복하였네라

— 청마 유치환의 「행복」

성서를 읽고 있는 것 같다.

사실은 성서를 깔고 나온 시다.

행복은 받는 자보다 주는 자가 행복하다. 청마는 마산 여학교 교장이었다.

이 시만큼 사랑을 얘기한 것이 없었다.

모든 사람들에게 주는 사랑을 일깨워 준시다.

3. 아름다운 시

나보기가 역겨워

가실 때에는
말없이 고이 보내드리오리다
영변에 약산
진달래꽃
아름 따다 가실 길에 뿌리오리다

가시는 걸음걸음
놓인 그 꽃을
사뿐히 즈려밟고 가시옵소서
나보기가 역겨워
가실 때에는
죽어도 아니 눈물 흘리오리다
— 김소월의 「진달래」

이 시는 용서의 아름다움, 이해의 아름다움, 무엇보다 사랑의 아름다움이 묻어난다. 사랑할 때도 중요하나 헤어질 때도 중요하다. 참 사랑은 보낼 줄도 아는 것이다. 소월 김정식은 오산학교 출신이다. 기독교의 물먹고 배운 한국의 국보적 시인이다. 기독교정신 아니면 이 시가 나올 수 없다.

나 하늘로 돌아가리라
새벽빛 와 닿으면 스러지는 이슬
더불어 손에 손을 잡고
나 하늘로 돌아가리라
노을빛 함께 단둘이서
기슭에서 놀다가 구름 손짓하며는
나 하늘로 돌아가리라
아름다운 이 세상 소풍 끝내는 날

가서, 아름다웠더라고 말하리라
— 천상병의 「귀천」

4. 에스프리가 있는 시

님은 갔습니다.
아아, 사랑하는 나의 님은 갔습니다.
푸른 산빛을 깨치고 단풍나무 숲을 향하여
난 작은 길을 걸어서 차마 떨치고 갔습니다
황금의 꽃같이 굳고 빛나던 옛 맹세는 차디찬 티끌이 되어서
한숨의 미풍에 날려 갔습니다
날카로운 첫키스의 추억은 나의 운명의 지침을
돌려놓고 뒷걸음쳐서 사라졌습니다
나는 향기로운 님의 말소리에 귀먹고
꽃다운 님의 얼굴에 눈멀었습니다
사랑도 사람의 일이라 만날 때에
미리 떠날 것을 염려하고 경계하지 아니한 것은 아니지만
이별은 뜻밖의 일이 되고 놀란 가슴은 새로운 슬픔에 터집니다
그러나 이별을 쓸데없는 눈물의 원천을 만들고 마는 것은
스스로 사랑을 깨치는 것인 줄 아는 까닭에 걷잡을 수 없는
슬픔의 힘을 옮겨서 새 희망의 정수박이에 들어부었습니다
우리는 만날 때에 떠날 것을 염려하는 것과 같이
떠날 때에 다시 만날 것을 믿습니다
아아, 님은 갔지마는
나는 님을 보내지 아니하였습니다
제 곡조를 못 이기는 사랑의 노래는
님의 침묵을 휩싸고 돕니다
—한용운의 「님의 침묵」

죽는 날까지 하늘을 우러러
한 점 부끄럼 없기를
잎새에 이는 바람에도
나는 괴로워했다.
별을 노래하는 마음으로
모든 죽어가는 것들을 사랑해야지
그리고 나한테 주어진 길을
걸어가야겠다
오늘밤에도 별이 바람에 스치운다
— 윤동주의 「서시」

조국 잃은 아픔 속에서 민족을 생각하는 지성인으로
하늘을 우러러 부끄럽지 않는 길을 향한 가장 강력한 시였다.

넓은 들 동쪽 끝으로
옛이야기 지줄대는 실개천이 회돌아 나가고
얼룩백이 황소가
해설피 금빛 게으른 울음을 우는 곳
---그곳이 참하 꿈엔들 잊힐리야

질화로에 재가 식어지면
뷔인 밭에 밤바람소리 말을 달리고
엷은 졸음에 겨운 늙으신 아버지가
짚벼개를 돋아 고이시는 곳
---그곳이 참하 끝엔들 잊힐리야

흙에서 자란 내 마음
파아란 하늘빛이 그립어

함부로 쏜 화살을 찾으려
풀섶 이슬에 함추름 휘적시는 곳
---그곳이 참하 꿈엔들 잊힐리야

전설바다에 춤추는 밤 물결 같은
검은 귀밑머리 날리는 어린 누이와
아무렇지도 않고 예쁠 것도 없는
사철 발벗은 안해가 따가운 햇살을 등에 지고
이삭줍던 곳
---그곳이 참하 꿈엔들 잊힐리야

하늘에는 성근별
알 수도 없는 모래섬으로 발을 옮기고
서리 까마귀 우지짖고 지나가는 초라한 지붕
흐릿한 불빛에 돌아앉아 도란도란 거리는 곳
---그곳이 참하 꿈엔들 잊힐리야

—정지용의 「향수」

5. 동화시킬 수 있는 시

물동이 같은 배를 안고

몸조심해
7월 아침 햇살을 받으며
출근하는 당신의 뒷모습을 바라봅니다
아가, 이틀 후면 너도 세상을 보게 된단다
발길질해 대는 아랫배를 쓸어내리던
그 순간은 기쁨이었습니다

당신은 어젯밤 늦도록
출산 준비물들을 간추려 주고
기저귀도 손수 빨아 주었습니다
퇴근 후 예산 시댁에 내려가
보약 한 제 지어 오마던 당신
떠나면서 전화로
아가의 이름을
지환이라고 하자던 당신

새벽 1시 20분
이양주 씨 댁이죠
천안 충무병원 응급실입니다.
교통사고라니…
나는 툭하니 쓰러지고 말았습니다
물동이 같은 배를 안고
— 남편을 잃고 쓴 강민숙의 생활시이다.

임이 오시던 날
버선발로 달려가 맞았으련만
굳이 문 닫고 죽죽 울었습니다

기다리다 지쳤음이오리까
늦으셨다 노여움이오리까
그도 저도 아니오이다
그저 자꾸만 눈물이 나
문 닫고 죽죽 울었습니다
—노천명의 「임이 오시던 날」

하늘에 무지개를 바라볼 때면
나의 가슴 설렌다
내 생애가 시작될 때 그러하였고
내 어른이 된 지금도 이러하여서
내 늙어진 뒤에도 그러하리라
그렇지 않다면
나는 죽음목숨
어린이는 어른의 아버지
바라기는 내 목숨의 하루하루여
하늘의 자비로 맺어지리라
—워즈워드의 「무지개」

시는 우리를 끌어들이는 흡입력이 있어야한다. 독자로 하여금 그 시의 주인공이 되게 하는 생명력을 갖고 있는 시여야 한다.

6. 교훈시

삶이 그대를 속일지라도
슬퍼하거나 노하지 말아라
슬픈 날엔 참고 견디라
즐거운 날이 오고야 말리니
마음은 미래를 바라느니
현재는 한없이 우울한 것
모든 것 하염없이 사라지나
지나가 버린 것 그리움이 되리니
—푸쉬킨의 「삶이 그대를 속일지라도」

러시아의 위대한 문호다. 뻬쩨르부르크에 그의 박물관이 있고 동상이 있다.

절망 좌절 자에게 소망을 주는 교훈시다.

7. 자연시

나뭇잎 저버린 숲으로 가자
낙엽은 이끼와 돌과 외솔길을 덮고 있다
시몬, 너는 좋으냐 낙엽 밟는 소리가
낙엽은 아주 부드러운 빛깔
너무나도 나지막한 목소리를 지니고 있다
낙엽은 너무나도 연약한 포착물들의
대지위에 흩어져 있다
시몬, 너는 좋으냐 낙엽 밟는 소리가
황혼이 질 무렵 낙엽의 모습은 너무나도 슬프다
바람이 휘몰아칠 때 낙엽은 정답게 소리친다
시몬, 너는 좋으냐 낙엽 밟는 소리가
발이 밟을 때, 낙엽은 영혼처럼 운다
낙엽은 날개소리 여자의 옷자락 소리를 낸다
시몬, 너는 좋으냐 낙엽 밟는 소리가?
가까이 오라
우리도 언젠가는 가벼운 낙엽이 되리라 가까이 오라
벌써 밤이 되고 바람은 우리를 휩쓴다
시몬, 너는 좋으냐 낙엽 밟은 소리가

— 구르몽의 「낙엽」

번지점프 / 고훈

벼랑 끝에서도
절망하지 않고
추락해도
두려워하지 않는다

험한 세상 헤쳐나가려면
때로
거꾸로 걸어야 할 때가 있고
허공에 홀로 있어야 할 때가 있다

사람을 무서워 않기 위해
사람을 무서워 해야하고
사랑하기 위해
미워해야 하는
역설의 삶

모든 것은
시작이 있기에 끝이 있다
하여
우리는 날마다 기다림으로 산다

설거지 / 고훈

부엌에 있는 아내의 뒷모습이
설거지 해놓은 그릇들처럼
소박하게 아름답다

아무 일 안 하면
더럽히지도 않아 씻을 것도 없고
할 일하고 나면
더러워져 씻음이 필요했다
또다시 내일을 시작하려면
오늘의 빛나는 흔적도 씻겨야한다
나도 그분으로부터 날마다
세례를 받아
새롭게 쓰임 받는 빈 그릇이 되고 싶다

설거지를 마친 아내가
커피 두 잔을 들고 돌아서 앉는다
그 모습이
젊은 날처럼 아름답다

詩의 만남

(제3강)

내가 시인이 된 것은 운명이었다. 아버지의 파산으로 중학교 1학년 중단할 때 모든 책을 정리해 소월의 「못 잊어」 시집 한권 샀다.

1. 詩는 만남이다.

① 사람과 만나고 그분의 시와 만나고 그분의 인생과 만나고 그분의 신앙과 만났다.

노천명과는 「님이 오시던 날」로

소월과는 「초혼」으로

산산히 부서진 이름이여!
허공 중에 헤어진 이름이여!
불러도 주인 없는 이름이여!
부르다가 내가 죽을 이름이여!

심중에 남아 있는 말 한 마디는
끝끝내 마저 하지 못하였구나.
사랑하던 그 사람이여!
사랑하던 그 사람이여!

붉은 해는 서산마루에 걸리었다.
사슴의 무리도 슬피 운다.
떨어져 나가 앉은 산 위에서
나는 그대의 이름을 부르노라.

설음에 겹도록 부르노라.
설음에 겹도록 부르노라.
부르는 소리는 빗겨 가지만
하늘과 땅 사이가 너무 넓구나.

선 채로 이 자리에 돌이 되어도
부르다가 내가 죽을 이름이여!
사랑하던 그 사람이여!
사랑하던 그 사람이여!

윤동주와는 「서시」 로
김영랑과는 「모란이 피기까지는」 으로

모란이 피기까지는
나는 아직 나의 봄을 기다리고 있을테요.
모란이 뚝뚝 떨어져버린 날,
나는 비로소 봄을 여읜 서름에 잠길테요.
오월 어느 날 그 하로 무덥든 날

떨어져 누은 꽃잎마저 시들어버리고는
천지에 모란은 자치도 없어지고
뻗쳐오르던 내 보람 서운케 무너졌느니
모란이 지고 말면 그뿐, 내 한해는 다 가고 말아,
오월 예순 날 하냥 섭섭해 우옵내다.
모란이 피기까지는
나는 아직 기다리고 있을테요, 찬란한 슬픔의 봄을.

이육사와는 '내 고장 7월'은으로 시작되는 「청포도」로

내 고장 칠월은
청포도가 익어 가는 계절

이 마을 전설이 주절이주절이 열리고
먼 데 하늘이 꿈꾸며 알알이 들어와 박혀

하늘 밑 푸른 바다가 가슴을 열고
흰 돛 단 배가 곱게 밀려서 오면

내가 바라는 손님은 고달픈 몸으로
청포를 입고 찾아온다고 했으니

내 그를 맞아 이 포도를 따먹으면
두 손은 함빡 적셔도 좋으련

아이야, 우리 식탁엔 은 쟁반에
하이얀 모시 수건을 마련해 두렴

워즈워드는 「무지개」로

하늘에 걸린 무지개를 바라보면
내 가슴은 마냥 뛰누나
내 인생 시작할 때도 그러했고
어른이 된 지금도 그러하노라
늙은 때 또한 그러할 것이고
아니면 죽을지노라
아이는 어른의 아버지
나는 내 하루 하루가
자연이 되기를 바라노라

누구를 만났느냐에 따라 시 인생은 바뀌진다.

② 사건과 사물과의 만남이다.

호박꽃 / 고훈

사람들이 비웃을 때
당신은 내게 다정한 미소를 보냈습니다

사람들이 보지도 않을 때
당신은 내게 말씀을 하셨습니다

웃는 자가 울고
우는 자가 웃는 그 아침이 온다고
기다리라 하시더니
볼품없는 내 몸에서

거두시는 큰 열매

천한 것을 소중케 하고
약한 것을 강하게 하며
작은 것을 크게도 하시는
당신은 참으로 공평하신
나의 하나님이십니다

의인화도 하고 사랑하는 이도 되고 말하는 이도 된다.

2. 詩는 자연스럽게 쓰라

물은 자연스럽게 흐른다.
시가 그래야 한다.
딱딱하거나 막히지 않게 하라.

강물 / 고훈

내게 오는 모든 것은
와야 할 것이기에 왔다
놀라지 말고 환영하여 맞자

내게서
떠날 모든 것은
떠나야 할 것이기에 떠난다
달리 생각말고 안녕하며 보내자

내가 이 땅에
영원히 머물 수 없듯이

모든 것이 내게만 머물 수만은 없는 것

한가운데 내가 있지 않고
그분을 세울 수 있다면
괴로움이 따로 있으랴

강물은 흐르는 것이거늘
머무르는 물을 어찌 강물이라 말하랴
나 또한 그분을 향해 흘러가는
강물이 아닌가?

3. 항상 메시지를 준다

이것을 시의 생명이라 한다.

① 저항시가 있다 – 김지하의 「오적」

오적(五賊) / 김지하

시를 쓰되 좀스럽게 쓰지 말고 똑 이렇게 쓰랏다.
내 어쩌다 붓끝이 험한 죄로 칠전에 끌려가
볼기를 맞은 지도 하도 오래라 삭신이 근질근질
방정맞은 조동아리 손목댕이 오물오물 수물수물
뭐든 자꾸 쓰고 싶어 견딜 수가 없으니, 에라 모르겠다.
볼기가 확확 불이 나게 맞을 때는 맞더라도
내 별별 이상한 도둑 이야길 하나 쓰겄다.
옛날도 먼 옛날 상달 초사흣날 백두산 아래 나라 선 뒷날
배꼽으로 보고 똥구멍으로 듣던 중엔 으뜸
아동방(我東方)이 바야흐로 단군 이래 으뜸
으뜸가는 태평 태평 태평성대라.

그 무슨 가난이 있겠느냐 도둑이 있겠느냐
포식한 농민은 배터져 죽는 게 일쑤오
비단옷 신물나서 사시장철 벗고사니
고재봉 제 비록 도둑이라곤 하나
공자님 당년에도 도척이 있고
부정부패 가렴주구 처처에 그득하나
요순시절에도 사흉은 있었으니
아마도 현군양상(賢君良相)인들 세 살 버릇 도벽(盜癖)이야
여든까지 차마 어찌할 수 있겠느냐
서울이라 장안 한복판에 다섯 도둑이 모여 살았것다.
남녘은 똥덩어리 둥둥
구정물 한강가에 동빙고동 우뚝
북녘은 털 빠진 닭똥구멍 민둥
벗은 산 만장 아래 성북동 수유동 뾰쪽
남북간에 오종종종 판잣집 다닥다닥
게딱지 다닥 꼬딱지 다닥 그 위에 불쑥
장충동 약수동 솟을대문 제멋대로 와장창
저 솟고 싶은대로 솟구쳐 올라 삐까번쩍
으리으리 꽃궁궐에 밤낮으로 풍악이 질펀 떡치는 소리 쿵떡
예가 바로 재벌, 국회의원, 고급공무원,
장성, 장차관이라 이름하는,
간뗑이 부어 남산만하고 목질기기 동탁배꼽 같은
천하흉포 오적의 소굴이렷다. (하략)

자기 아내를 살해한 모스크바의 대학생 만코프가 법정에서 말한 최후의 진술은 다음과 같다. "그녀는 죽었습니다. 그녀는 순교자입니다. 아마도 지금쯤 그녀는 천국에서 거룩한 성자가 되어 있을 것입니다. 반면 나는 이곳 지상에 남아서 범죄와 참회의 무

거운 십자가를 지며 나의 마지막 생명을 바치고 있습니다. 내가 나 자신을 이미 처벌했는데 왜 나를 벌주려 하십니까? 난 지금도 예전처럼 사과나 달걀을 먹을 수 있지만 그것들의 맛은 예전과 같지 않습니다. 어느 것도 이제는 나에게 기쁨을 주지 못해요. 그런데 왜 나를 벌주려 하십니까?" 막심 고리끼의 가장 짧은 단편 「어느 학생의 항변」 전문이다.

② 교훈시

우리가 눈발이라면 / 안도현

우리가 눈발이라면
허공에서 쭈빗쭈빗 흩날리는
진눈깨비는 되지 말자

세상이 바람 불고 춥고 어둡다 해도
사람이 사는 마을
가장 낮은 곳으로
따뜻한 함박눈이 되어 내리자

우리가 눈발이라면
잠 못 든 이의 창문 가에서는
편지가 되고
그이의 깊고 붉은 상처 위에 돋는
새살이 되자

③ 훈계시

어릴 때 조국 / 신기선

우리 친구들이 자랄 때
같이 놀던 그 어린 친구들이 자랄 때
우리 커서 총을 겨누고
서로 죽이자고 약속하지 않았다
그 어릴 때 같이 놀던 그 친구들이 자라서
남쪽에서 온 우리들을 향해
방아쇠를 당기고
우리들은 그들을 향해
방아쇠를 당겼다
그 어릴 때는 그런 약속을 하지 않았다
목이 마르다
여름 태양이 깔깔해진
마른 강숲처럼
묵은 고향에 목마르다
오늘은 일요일
숙제장을 든 어린아이가 묻는 말이
이북에는 나쁜 사람들만 산다지요
나는 고개를 돌리고
머언 하늘을 바라보았다
어릴 때 같이 놀던 그 친구도
이남에는 나쁜 사람만 산다고 되풀이 가르치고 있겠지
우리 친구들이 자랄 때 어릴 때 같이 놀던
그 친구들이 자랄 때
우리나라를 커서 찢고 째고 나쁜 사람만 사는 나라라고
서로 이리 약속하지는 않았다

내 고향 청진은 청진이고
내가 사는 서울은 서울이지

④ 예찬시

나의 목자/박목월

영혼의 다락방에서
내가 은밀히 기도하려 할 때
나와 더불어
기도해 주실 분은
그 분 뿐이다
내가 믿음에서
실족하였을 때
나의 오른팔을 잡아주실 분도
그 분 뿐이다
물로써
세례를 주시고
주의 이름으로
나를 거듭나게 하실 분도
그 분 뿐이다
그분의 음성을 통하여
진리의 빛을 보게 하고
주의 발자취를 더듬어
함께 동행하는
그분의 지팡이가
때로는 번개가 되어
나를 깨우치고
때로는 그 분의 기도가

광야에 울리는 음성이 되어
녹슨 마음의
문을 열게 한다
주께서 기름 부어 세우신
나의 목자
그 분의
말씀의 밧줄을 잡고
위태로운 벼랑길을
건너간다
진실로 그 분의 신앙이
나의 믿음의 바탕이 되고
거룩한 성전에서
주일날의
안식과 광명을 얻게된다

우리 장로님 / 고훈

아비의 자리에 있으면서도
그 자리 양보하시고
어린 목자 앞세우시는
당신은
늙어서 젊으시는 하늘의 겸손입니다

내가 더러 실수하여 자만에 빠질 때
목자의 마음 아프지 않게 권면하신 후
제단에 무릎꿇는 당신의 경건으로
이날 평생
허물은 덮고 칭찬은 드러내시기만 하셨으니
섭섭함도 은혜였습니다

하나님 좋으시면 우리도 좋아
사사로움 앞세운 일 없어
당당하시고
섬기는 일이면 아까울 것도 없어
더 많은 것 드리지 못한 감사로 기뻤던 세월

영광의 몫은 모두 하나님께
수고의 몫은 오직 당신 목자에게
돌리고 나면
스스로 숨어사시는 동안
이 땅에 당신의 이름은 없습니다

아시기에 모르시고
모든 것을 가지시고 가난한 당신은
저 하늘나라에서 빛을 볼 수 있는
이 땅에는
아직
묻혀있는 보배입니다

⑤ 독려시

지금은 결코 꽃이 아니라도 좋아라/양성우

지금은 결코
꽃이 아니라도 좋아라
……
오는 봄에 풀뿌리를 적셔준다면

지금은 결코 꽃이 아니라도 좋아라

골백번 쓰러지고
다시 일어나는
이…… 한반도에서
다만 녹슬지 않는 비싼 넋으로
밤이나 낮이나 과녁이 되어
내가 죽고 다시 죽어
스며들지라도
오는 봄에 나무꾼을 쓰다듬어 주는
작은 바람으로 돌아온다면
지금은 결코 꽃이 아니라도 좋아라
끈끈한 눈물로
잠시 머물다가 갈지라도
불보다 뜨거운 깃발로
네가 어느날 갑자기 이 땅을 깨우고
남과 북이 온몸으로 소리칠 수 있다면
지금은 결코
꽃이 아니라도 좋아라

엄동설한에 재갈 물려서
식구대로 서럽게 재갈 물려서
여기 저기 쫓기며 굶주리다가
네가 죽은 그 자리에 과녁이 되어
우두커니 늘어서서 눈감을지라도
오직 한마디…, 그리고
증오가 아니라 포옹으로
네가 일어서서 돌아온다면
지금은 결코

꽃이 아니라도 좋아라

이 …… 삼천리에 피었다지는
모오든 꽃들아
지금은 결코
꽃이 아니라도 좋아라

⑥ 감동시

안동농아학교 / 배연일

하나님 더도 말고 덜도 말고
하나님 더도 말고 덜도 말고
하나님 왜 나는 말을 할 수 없을까요
옆집 철이 입과 다른게 없는데
하고 싶은 얘기들이
여름밤 별송이처럼 많았지만
입가에 맴돌다 죄다쓰러져 버렸어요
철이처럼 나도 입으로
말하고 싶어요
하나님 더도 말고 덜도 말고
말할 수만 있게 해 주세요
큰소리로 어머니도 부르고
목이 터져라 찬송도 부를테니까요

이것은 시가 아니라 벙어리의 피 호소다.

정박아 축구경기

내 편
네 편이 없고
우리 골문도
니 골문도 없는
정박아 축구경기
터치라인
골라인도 없고
심판도 호루라기도 필요 없는
정박아 축구경기
득점이나 승패는 알 바 없는
그저
발 앞에 오는 공만 차면되는
정박아 축구경기

이것이 정박아의 세계다.

⑦ 동시

코스모스 / 박영용

무얼 먹고 저렇게 키가 컸을까
하늘 먹고 컷겠지
바람 먹고 컸겠지
무엇 발라 얼굴이
저리 예쁠까
햇빛 발라 이쁘겠지
달빛 발라 이쁘겠지
하늘 먹고
바람 먹고
나보다 더 클라

햇빛 발라
달빛 발라
나보다 더 이쁠라

4. 영감을 갖고 쓰라

영감은
영상을 만들고
영상은
영혼을 구원한다

詩의 seed word를 갖고 있으라

낙엽: 태양이 녹아내린 잎새
가을: 우리에게 아직 가을은 오지 않았다

장고소리 / 고훈

네 목소리가 이토록 절실한 것은
비우고 마저 비운
그 몸으로 토해 낸 부르짖음 때문이다

오직 하나의 소리이기 위하여
있는 것 모두를 버리는 아픔이야
두드리는 사람도
듣는 사람도 모른다

그리고
아무도 모른다

우리 소리는 아픔이 있었다

아무 것이나 되기 위해
아무렇게나 살수는 없었다

오늘
네 몸을 이렇게 네 사슬로 묶고 있는 것은
버리고 마저 버린 몸에서
더 이상 버릴 수 없는 거듭난 생명을
그분께 드리기 위함이다

시계를 보며 / 고훈

나에게 멈춤은
죽음입니다

하루를 걷고 나면
또 하루를
그리고
또 하루를
지치지 않는 나의 추구는
그분 손길로부터 옵니다

홀로 가시면 편하실 길
나와 함께 가시며

혼자 일하시면 쉬우실 일
나와 함께 일하시며
홀로 소유하시면 부요하실 것
나와 함께 나눠 가지시고

이토록
내게 공평하신 그분 위해
나 또한
모두에게 공평함으로
나의 길을 가겠습니다

안개 / 고훈

모두는
나를 약하다고 한다
시시하다고 한다
시한부라 한다

그러나
내게는 세상 모든 것을
눈멀게 할 수 있는 힘이 있다

위대한 것은
더러
보잘 것 없는 것으로부터 오기에

아무렇게 살려면
많은 것도 모자라고

의미 있게 살려면
적은 것도 많다

들레지는 말고 꾸준하게
우리들의 남은 시간을
최선으로 아름답게 하자

격포 해수욕장에서 / 고훈

하루 이틀 쉬어갈 생각으로
조용히 찾은 격포에서
아침 해변을 걸었다

바다는
밤새 한숨도 잠들지 않고
설레임으로 뒤척거리다
반갑게 나를 맞아준다
만났다 헤어짐
그런 것은 아무것도 아닌 듯
진지하게 살아도
심각하게 살 까닭은 없다는 듯

뒤돌아보면
가슴 뜯어도 지워지지 않는 회한
내다보면
앞이 전혀 보이지 않는 수평선
그럼에도
모든 문 다 열고

오늘을 위해
이토록 넉넉함으로 살아가는
바다가 언제나 좋아
나도 여름바다이고 싶다

저기
어떤 사람
우리가 버려버린 쓰레기들을
지난밤 기침하며 토해낸
바다의 아픔을
허리 굽혀 줍고 있다

그러나
잠든 사람에게는
아직 격포의 아침은 오지 않았다

감사의 이유 / 고훈

도둑맞았다 해도
잃은 것은 없습니다
도둑맞은 물질이
그 가족의 생계비로 쓰일런지
그 자녀의 학비가 될런지
그 아내의 치료비가 될런지 누가 알겠습니까

자식을 잃었다 해도
잃은 것은 아닙니다.
이 세상을 떠났다면 주님 곁에 있을 것이고

가출했다면 요셉이 되어 있는지 모를 일입니다

건강을 잃었다 해도
결코 잃은 것은 아닙니다.
이 일로 겸손해지고 주님을 가까이 하며 하늘을 소망했다면
손실이 아니라 더 큰 소득입니다

능히 감사할 조건으로 걱정하며 살았으니
감사절 아침
우리의 깨달음으로 제물 되게 하소서

나 때문에 / 고훈

그대가 실패한 것은
내가 그대를 도와주지 못한 때문입니다
그대가 아픈 것은
내가 그대를 보살피지 못한 때문입니다
그대가 쓰러진 것은
내가 그대를 붙들어주지 못한 때문입니다
그대가 외로운 것은
내가 그대를 사랑하지 못한 때문입니다
그대가 가난한 것은
내가 그대에게 나눠주지 못한 때문입니다
그대가 혼자인 것은
내가 그대 곁에 서 있어 주지 못한 때문입니다
그대가 방황한 것은
내가 그대에게 모범이 되지 못한 때문입니다
그대가 낙심한 것은

내가 그대에게 믿음을 주지 못한 때문입니다
그대가 슬픈 것은
내가 그대에게 기쁨이 되지 못한 때문입니다
그대가 흔들리는 것은
내가 그대에게 말씀을 주지 못한 때문입니다
그대가 구원받지 못한 것은
내가 그대에게 예수를 전하지 못한 때문입니다

사랑하는 이여
이 모든 일로 인하여
나를 용서하십시오
나를 용서하십시오

어머니 우리 어머니

필 위센던트 박사는 어머니의 위치보다 더 높은 위치는 없으며 어머니의 능력보다 더 큰 능력도 없으며 어머니가 하는 일보다 더 큰 사역도 없다고 말했다.

우리가 어머니의 마음으로 돌아갈 수만 있다면 작금의 모든 가정문제, 청소년문제, 기성세대와 청소년이 맞물린 원조교제 같은 모든 문제는 해결될 수 있다. 어머니를 생각하며 쓴 어떤 사람들의 고백들을 모았다.

다섯 살에 아버지 잃은 서러움을 일찍 알았지만 서른아홉에 혼자되신 어머니의 외로움을 몰랐습니다. 어머님이 밥을 한 숟가락씩 보태줄 때 입맛이 없는 줄 알았습니다. 받은 사랑 너무 많고 못 갚은 은혜 한이 되어 애타게 찾으니 어머니는 떠나고 안 계십니다.

겨울에 김치와 동태를 넣어 푹 끓인 찌개를 먹을 때마다 어머니는 "나는 머리를 좋아한다. 너희는 살 많이 먹어라."하시던 어머니의 모습이 떠오릅니다. 이제 그 말씀 뜻 무엇이었는지 조금은 알 것 같습니다.

2월에는 큰언니 생일, 5월에는 작은언니 생일, 6월은 동생 생일, 7월은 아버지 생일, 12월은 내 생일이었습니다. 그렇게 해마다 한 해가 지나갔습니다. 언제나 엄마의 생일은 없었습니다.

어머니 생각나세요? 초등학교 6학년 때 아빠 돌아가신 후 내가 리어카 앞에서 끌고 어머니가 밀면서 양파장사를 하던 때요. 나는 그때 인생을 스스로 끌어갈 수 있다는 자신감을 배웠습니다.

어머니 도시락에 밥 대신 수제비를 넣어 아무도 모르게 구석에서 식어버린 수제비를 잡수시다 직장 동료에게 들켜 눈물로 삼키신 사건. 나는 압니다. 어머니의 아픔을 이제야 알 것 같아요. 지금은 윤기 흐르는 하얀 쌀밥이 많이 있는데 왜 바삐 가셨어요.

어머니 그저께 직원 어머니 회갑에 다녀왔습니다. 근사한 뷔페에 맛있는 음식이 푸짐하고 장성한 아들, 손자, 며느리 속에 계신 친구 어머니 모습이 행복해 보였습니다. 그러나 저는 한쪽 구석에 앉아 한 점의 음식도 먹지 못하고 흐르는 눈물을 감출 수 없어 슬그머니 자리를 떴습니다. 자식을 가슴에 묻은 슬픔과 가난 때문에 칠순이 지난 지금까지 회갑을 차려드리지 못한 죄스러움으로 견딜 수 없었습니다. 어머니 오래 사셔요. 못 다한 효도 다하겠습니다.

어린 시절 도시락을 잊고 간 막내아들의 교실을 두리번거리시던 어머니, 친구들이 누구냐고 물을 때, "우리 할머니야" 대답하고 집에 와서 "다시는 학교 오지 마. 엄마 너무 늙어서 창피해"하고 소리 질렀죠. 그렇게 철없는 제가 너무 미워 일찍 가셨나요. 어머니 죄송해요.

"엄마는 나 시집 갈 때 무엇 해준 게 있어요."하고 대들었을 때 엄마는 슬픈 표정으로 "큰 애야, 미안하다."하셨지요. 피난 가서 먹고살기도 어려웠을 텐데…엄마, 철없는 딸인 내가 너무 미워요. 용서하세요.

엄마, 대형 세탁기에 빨래하며 엄마 생각나네요. 세탁기 없던 시절 추운 겨울날 얼음 깨며 찬물에 손 담가 빨래하시던 모습이 눈에 아른거려요.

철없는 시절, "엄마는 몰라도 돼. 엄마하고는 말이 안 통해"하며 세대차 운운하던 때가 엊그제 같은데 이젠 내가 엄마 되어 내 새끼들에게 그런 말 들을 때마다 그때 엄마 가슴이 얼마나 찢어졌을까 생각합니다. 엄마 죄송해요. 그리고 사랑해요.

"네가 타고 가는 차에 나도 같이 타고 갈 수 없을까." "어머니 조금만 기다리세요. 다시 올게요." 한평생 귓가에 맴도는 어머니 목소리, 저 멀리 중공군 포성은 들려오고 앞길에선 빨리 떠나야 한다고 재촉하는 도청직원의 독촉소리, 어머니 그것이 마지막이 될 줄은 꿈에도 몰랐습니다.

오늘 고아원에 다녀왔습니다. 엄마의 얼굴도 기억 못한다는 초등학교 1학년 아이의 말이 가슴 아팠습니다. 가장 불러 보고 싶은 이름 어머니, 가장 보고 싶은 얼굴 어머니, 한번이라도 만나고 싶은 사람 어머니, "엄마 낳아주신 은혜가 아니라 길러주신 은혜 감사합니다."

엄마, 이혼한 딸을 용서하세요. 엄마처럼 참고 또 참고 살려고 했는데 칠순이 넘은 엄마 가슴에 큰 상처를 드렸습니다. 죄송합니다.

어머니, 나는 당신께 죄송한 마음뿐입니다. 암으로 투병하는 말기 환자인 나를 바라보시며 제가 보는 앞에서 맘 약해 질까봐 울지도 못하시면서 보이지 않는 곳에서 무던히도 우시던 어머니, 죄송합니다.

아버지 세상 떠나시고 2월 추운 겨울날, 난 보았어요. 애써 다듬은 파를 늦게까지 시장에서 팔다 한 단도 팔지 못하고 집에 돌아와 리어카에서 한 단, 두 단 내리시며 "여보, 난 어찌 살라고 먼저 갔어요."하시며 우시던 어머니, 저도 그때 같이 울었습니다.

설 전날 밤새 엿 팔아 5남매 따뜻한 밥 한 끼 해준다고 사온 보리 한 말, 쌀 한 되를 도둑맞고 아침 내내 빈 솥에 물만 가득 끓이며 우시던 어머니, 보고 싶어요.

내가 실명했을 때, 엄마의 각막을 이식해 주셨지요. 의사가 "기증할 눈이 나쁜 눈입니다."하였을 때 펄쩍 뛰며 "내 딸에게 좋은 눈을 주세요."하며 자신의 더 좋은 눈을 주신 어머니, 어머니 은혜 어떻게 갚으라고 그러셨어요.

결핵으로 쓰러진 자식 살리겠다고 산에 올라가 독사를 손으로 잡아 삶아주시던 어머니, 그때 어머니는 병든 자식 위해서 목숨을 바꾸신 것입니다.

우리의 어머니들은 이토록 우리를 사랑하며 암울한 시대에서 희생과 사랑으로 우리를 키웠고 오늘의 이 나라를 건설했다. 우리 시대의 어머니들은 우리 아이들에게 무엇을 주고 있는가?

주여 당신은 오십니까 / 고훈

주여 당신은 오십니까
물이 있어도 마실 수 없고
양식이 있어도 먹을 수 없는
있는 자는 더욱 삼키고
없는 자는 더욱 없는
나눔을 잃어버린 죽음의 땅에

주여 가게 하소서
환영받기 위함이 아니라 버림당하기 위해
가고 싶은 곳으로가 아니라 보내는 곳에
돌아오기 위해서가 아니라 돌아올 수 없는 곳으로
살기 위해서가 아니라 죽기 위해서

주여 보게 하소서
세상 모든 것 속에서 하나님의 형상을
하나님의 속에서 세상 모든 것을

이러함으로
풍요 속에 빠지지 않고
비천 속에 절망하지 않게

주여 주게 하소서
우리의 가지고 있는 것이 아니라 당신을
우리의 이름이 아니라 당신의 이름을
당신의 이름은 생명이요
당신의 이름만이 구원이기 때문입니다

주여 당신은 오십니까
사람이 있어도 무섭고
교회가 있어도 어둡고
종들이 있어도 말씀이 없는 땅에
지금 21세기의 동은 터오나
실상은 저녁인 것을
어제보다 더 막기는 세상에
주여 당신은 정말 오십니까

폭풍의 바다에서 / 고훈

하늘이 성나면
바다도 성나고
하늘이 아름다우면
바다도 아름답다

받았기에 받은 것 다시 주고
주었기에 준 것 다시 받는
그것은 공평한 세상

받지 않아도 줄 수 있고
주지 않아도 받을 수 있는
그것은 은혜로운 세상

지금 나는
어느 세상 편에 서 있는가
사랑을 잃어버린 내 얼굴은
저 성난 바다보다 더 험상궂고 무섭다

마리아의 은총 / 고훈

두려웠습니다
문 두드리시고
계집종 자궁 속으로
걸어오시는 당신

울었습니다

쓰실 방 한 칸
마련해 놓지 않으시고
가난한 사람들의 양식되어
구유에 누우시던 당신

괴로웠습니다.
누구라 부를지
당신은 나의 아드님
영원한 나의 주님이십니다

무례했습니다
내 때가 아직 이르지 아니하였다
하셨을 때에도
믿음으로 고집 부려
어미 마음 앞세워
물로 포도주 만드시라
강요할 때는
너무나 무례했습니다

섭섭했습니다
보고 싶어
만나고 싶어
당신 문밖에 서 있을 때
누가 내 모친이냐며
문도 열지 아니하시고
가라하실 때
돌아서는 발걸음만큼
나는 섭섭했습니다

기다렸습니다.
엘리 엘리 라마 사박다니
십자가 고통이
당신 가슴에서
피로 쏟을 때
내 가슴에는 칼이 꽂혔습니다
행여 부활한 모습으로
칼 뽑아 주시려 오시길
기다렸습니다.

끝내 오지 않고
하늘로 가신 당신은
그래도 나의 아드님
나의 주님
아직도 나는
나의 다락방에서
기다리고 있습니다

호수공원에서 / 고훈

호수공원을 산책하며
많은 사람과 마주쳤으나
아무도 내게 인사하지 않았고
나 또한 아무에게도 인사하지 않았다

이토록 아름다운 땅에서
오늘 아침 나는 이렇게 우울했다

등교하는 어린 여학생
내게 "안녕하세요 아저씨"한다
나도 소녀에게
"공부 잘하세요 꼬마 아가씨"
그리고
나는 웃음을 찾았다
하루 종일 행복하기에 충분한

죄송합니다 / 고훈

목회자의 다른 이름은 '죄송'입니다
두 아이 손잡고 학교갔다 오다
우리 아이 무사하고
집사님 아이 교통사고로 생명 잃을 때
죄인보다 더 머리 숙여 집사님께 죄송합니다
집사님 아이 무사하고
우리 아이 생명 잃을 때
죄인되어 교회 앞에 더욱 죄송합니다

우리 아이 대학입시 합격하고
성도 아이 불합격일 때
내 자식만 위해 기도한 죄 같아
교회 앞에 죄송합니다
성도 아이 합격하고
우리 아이 불합격하면
미련한 우리가 죄 되어
모두 앞에 고개들지 못하고 죄송합니다

불황속에서
장로님들 기업이 쓰러져 부도나고
성도들 가정은 불화하고 자녀들은 가출할 때
사례비, 판공비, 도서비, 생활보조비,
쌀, 전기수도비, 연료비까지 다달이 받을 때
성도들의 피를 받는 것같아 차마 죄송합니다

성도들 가정 평탄하고 건강한데
목회자 가정 식구들 병으로 쓰러지면
은혜 못받은 것 같아 교회 앞에 죄송하고
성도들 가정 식구들 당뇨, 암, 혈압으로 쓰러질 때
목회자 가정식구들 건강하면
우리만 축복 독차지 하는 것같아 죄송합니다

주님
삯군은 땀흘려 일한 값으로 삯을 받으나
우리는 땀 한 방울 흘리지 않으며
이 축복을 누리니 삯군도 못된 우리가
마땅히 주님 앞에 죄송합니다

이 땅 어디에 선가
내일의 보장도 없이 날마다 위협을 받으며
공산권에서 회교권에서 비문명국에서
목숨 걸고 복음전하는 선교사들을 생각하며
목회지 잃고 기도원에서 골방에서
기도하는 동역자들
학비가 없어 차마 대학에 진학 못시키고
직장으로 보내는 농어촌 개척 목회자들의
아픔 생각하고
오늘도 내일도 우리는 죄송합니다

詩人의 가는 길

(제4강)

모두는 자기의 길을 간다.
시인도 시인이 가야할 시인의 길이 있다.

1. 시인의 영토, 시인의 세계

기자의 영토는 무관의 제왕이란 말로 표현했다.
시인의 영토는 두 가지가 있다.

①경험의 영토, 경험의 세계

시가 소설과 다른 것은 자기체험세계 진실의 세계에 있다.

모닝커피 / 고훈

이른 아침
커피 속에 계란노른자 넣어주던
다방소녀의 따뜻함이
문득

커피 향만큼 그립다
그때
우리는
오늘처럼 풍요하지는 않았다
그러나
차 한 잔 나눔만으로도
행복하기에는 충분했다

얼마만인가
다시 이 거리를 걷고 있음이
그 다방은 어디론가 떠나고
아무것도 보이지 않는데
그래도 생각나는 것은
그 소녀와 모닝커피 맛이다

②상상의 영토 시인의 세계
무한대의 영토다.
예언의 세계 미래의 세계가 다 시인의 세계다.
시인은 미래학자 우주학자 예언자이다.
칼릴 지브란의 「예언자」를 권한다.

2. 시인의 창조력

시는 창작이상인 창조다.

모든 죽어있는 것을 살리고 없는 것 있게 하고 무가치한 것에 생명을 준다.

산책길에서 / 고훈

나는 건강과 만남의 기쁨을 위해
날마다 산책을 한다

어느 날
복면 쓴 사람이 나타나더니
지금은 대부분 사람들이 산책길에 복면을 쓴다

옛날 복면은
남에게 보일 수 없을 만큼
극한 질병으로 망가진 얼굴가리기위해
강도가 자기얼굴을 숨기려고 쓴 무서운 가면이었다

오늘의 복면은
자외선으로부터 자기 얼굴 보호와
치한으로부터 자기 몸 지키려는 방어가면이다

그러나
나와 내 가족은
결코 어떤 이유로도 복면을 쓰고
산책을 하지 않으리라
그것은
아름다운 자연과도
소중한 사람과도
얼굴과 얼굴을 볼 수 있는
진정한 만남이 아니기에

타인은
나의 모든 것을 볼 수 있는데

나는 타인의 모든 것을 볼 수 없음은
공평한 산책길의 동행이 아니기 때문이다

나는 건강과 만남의 기쁨을 위해
오히려 날마다
나의 복면을 벗고 산책을 하리라

3. 시인의 풍성한 영혼

시인의 파리한 영혼으로는 위대한 창조 작품 나오지 않는다. 지저분한 시인의 영혼으로는 지저분한 시밖에 나오지 않는다.

영혼이 살찌는 길

① 여행 ② 독서 ③ 만남 ④ 사랑은 우리 영혼을 풍성케 한다.

당신과 만날 때 / 고훈

당신과 만날 때
나는 항상 감격 한다
당신은
울적한 내게 보낸 그분의 감탄이기에

당신의 잔잔한 미소 앞에

나는 언제나 행복하다
당신은
고통의 길 가는 내게 보낸 그분의 기쁨이기에

당신의 티 없이 맑은 눈앞에
나는 오늘도 삶의 에너지를 받는다
당신은

쓰러질 것 같은 내게 보낸 그분의 위로이기에

당신의 깊은 곳까지 보이는 얼굴 앞에
나는 지금도 따뜻하다
당신은
세속에 더렵혀진 내게 보낸 그분의 평안함이기에

당신의 가시 없고 뿔 없는 대화 앞에
나는 말할 수없는 힘을 얻는다
당신은
상하고 찢겨진 내게 보낸 그분의 격려이기에

놓을 줄 모르며 꼭 쥐고 있는 당신의 손앞에
나는 사람의 따뜻함을 느낀다
당신은
시달리고 피곤한 내게 보낸 그분의 사랑이기에

당신과 만날 때
나는 이렇게 감격한다
당신은
울적한 내게 보낸 그분의 감탄이기에

4. 시인의 성실

여호와를 의뢰하여 선을 행하라 땅에 거하여 그의 성실로 식물을 삼을지어다.(시37:3)

시인은 성실한 창조 작업이 필요하다. 거룩한 습작 습관을 가지라.

또 하나의 감사 / 고훈

두 다리 합하여

무릎 꿇으면 기도가 되고
두 다리 모아 앉으면
편안함 주는 안락이 된다

강둑을 걸으면
강뚝길 되고
해변을 걸으면
해변길 되고
산을 걸으면
산길이 되고
숲속을 걸으면
숲속길이 된다

외롭지 않게
둘이나 주신이여
우리가 어디에 있다해도
지상의 모든 에너지를 받는
통로가 된다

종착역에서 / 고훈

도착하고 보니
내가 내려야할 역이 아니었습니다
잠깐 조는 동안
나의 객차는 많이 다른 곳으로 달렸습니다

연약한 사람들과
함께 살고 싶었는데
나는 강력히 영향력 있는 사람이 되었고

모든 것을 모든 사람에게
주는 사람이 되고 싶었는데
모든 사람에게 받고 사는 사람이 되었고

가난한 사람들과
함께 비운자로 살고 싶었는데
나는 모든 것을 소유한 사람이 되었고

모든 사람을
섬기는 사람이 되고 싶었는데
오히려 모든 사람에게 섬김받는 사람이 되었고

모든 사람에게
배우며 살고 싶었는데
변변치 못한 내가
모든 사람을 가르치는 사람이 되었습니다

도착해보니
아무래도
내가 내려야할 역이 아니었습니다
잠깐 헛눈 파는 동안
나의 객차는 많이 다른 곳으로 달렸습니다

2014 풀잎문학 vol 9.

껴안은 우리가슴 뜨거워

초판인쇄일 2014년 12월 26일
초판발행일 2014년 12월 31일

지은이 : 이윤수 외
편집위원 : 송영란

도서출판 문학공원
발행인 : 김순진
편집장 : 전하라
디자인 : 김초롱
등 록 : 2004년 3월 9일 제6-706호
주 소 : (우편번호 130-814)서울 동대문구 난계로 26길 17호
삼우빌딩 C동 302호 스토리문학사
전 화 : 02-2234-1666
팩 스 : 02-2236-1666
홈페이지 : http://cafe.daum.net/yob51
이메일 : 4615562@hanmail.net